Gottlieb Korschelt

ZITTAU

UND UMGEBUNG
UND DAS SÄCHSISCH-BÖHMISCHE
GRENZGEBIRGE

ZITTAU
UND UMGEBUNG
UND DAS SÄCHSISCH-BÖHMISCHE GRENZGEBIRGE

Ein historisches Wanderbuch
von Gottlieb Korschelt
Mit geographischem Register

Neisse
Verlag

Gottlieb Korschelt
ZITTAU
UND UMGEBUNG
UND DAS SÄCHSISCH-BÖHMISCHE
GRENZGEBIRGE

ZITTAU 2001 | 1. Auflage | ISBN 3-934038-02-6

Neisse
Verlag

Nach der Originalausgabe
aus dem Verlag der Pahlschen Buchhandlung A. Haase; Zittau 1894
»Führer durch Zittau und Umgebung
und das sächsisch-böhmische Grenzgebirge«
(Zweite neubearbeitete und vermehrte Auflage).
Format: 110 x 166,5 mm; 110 Seiten.
Mit 11 Übersichts- und Spezialkarten, 1 Panorama der Lausitzer Gebirgskette, gezeichnet von R. Müller, und 1 Stadtplan.
Die vorliegende Ausgabe folgt in Wortlaut und Schreibweise dem Original. Lediglich Interpunktions- sowie offensichtliche Satzfehler wurden stillschweigend korrigiert. Auf das Vorwort, die Kapitel »Kurzer Führer« und »Kurze Tourenangabe nach den Eisenbahnen geordnet« sowie auf die Numerierung der Kapitel wurde verzichtet (im Original I. bis IV. für die Kapitel, 1. bis 32. für die »Partien …«), ebenso auf die Wiedergabe der Karten. Das Geographische Register erstellte der Verlag für diese Ausgabe.

Die Originalausgabe wurde für diese Veröffentlichung bereitgestellt durch das Antiquariat Ostritz, wofür der Verlag sich herzlich bedankt.

Umschlagillustration: »Promenade am neuen Societätsgebäude«,
aus: Carl Gottlob Moráwek/Moritz Gabriel: »Zittavia«, Zittau 1848
Reprint: Neisse Verlag, Zittau 1999

Für Mitarbeit bei der redaktionellen Bearbeitung des Buches
bedankt sich der Verlag
bei Astrid Scholz, Zittau,
sowie bei Tilo Böhmer, Ostritz.

Konzept, Layout, Satz:

Neisse
Verlag

Silvia und Detlef Krell GbR
Carl-von-Ossietzky-Straße 23 | 02763 Zittau
Tel. (0 35 83) 68 57 21 | Fax: (0 35 83) 68 57 24
http://www.neisseverlag.de | mail@neisseverlag.de

Druck: WinterDruck, Herrnhut

INHALT

Kurze Geschichte der Stadt

Zittau ist die am südlichsten gelegene und bedeutendste Stadt der sächsischen Oberlausitz. Sie liegt an einem nordöstlich von der Mandau sich erhebenden sanften Abhange, nahe am Einflusse derselben in die bei Gablonz in Böhmen entspringende Neiße, unweit der sächsisch-böhmischen Grenze, unter 32°29'3" östlicher Länge und 50°53'58" nördlicher Breite, in einer Höhe von 244 Meter (Marktplatz) über dem Spiegel der Ostsee. Den Namen der Stadt leitet man von dem böhmischen Worte Zito, d.h. Getreide, her. Das Klima ist ein günstiges. Die mittlere Jahrestemperatur beträgt 6,5°R. Die mittlere Windrichtung ist ssw. Sechs Eisenbahnen vermitteln die Verbindung mit dem Inlande, mit Böhmen und Schlesien. Letztere, welche Zittau direkt mit Görlitz verbindet, führt durch das romantische Neißthal. Die Verbindung mit dem großen Fabrikdorfe Reichenau ist durch eine schmalspurige Sekundärbahn hergestellt. Eine zweite Sekundärbahn führt nach Oybin und Jonsdorf. Obschon erst Mitte Dezember 1890 eröffnet, beträgt die Zahl der täglich ausgegebenen Fahrkarten, besonders Sonntags, oft 3- bis 4000.

Den besten Überblick über die schön gelegene, wohlgebaute Stadt mit ihren ausgedehnten Vorstädten und auf den Kranz von Bergen, welcher das an mächtigen Braunkohlenlagern reiche Thalbecken einschließt, gewährt der Johannisturm. Von der Tafelfichte im Osten bis zum Königsholze im Norden erblickt man den Jeschken bei Reichenberg (1020), den Kalkberg (800), den Mühlsteinberg, den Straßberg, den Haideberg, den Töpfer (571), den Ameisenberg, den Hochwald (752), den Oybin (512), den Jonsberg, den Buchberg, die Lausche (796), den Breiteberg, den Oderwitzer Spitzberg und den Kottmar (581 Meter). Dieses Panorama von seltener Schönheit ist jedem Besucher der Stadt zu empfehlen.

Im Jahre 1255 wurde Zittau vom Böhmenkönige Ottokar zur Stadt erhoben, mit Mauern umgeben und mit verschiedenen Freiheiten und Rechten bedacht. Mit Zunahme der Bevölkerung hoben sich auch Handel und Gewerbe. Durch die Tuchmacherei und den Handel mit Leinewand schwangen sich die Bewohner bald zu bedeutender Wohlhabenheit empor. Große Summen wurden auf den Ankauf von Dörfern, auf Befestigungen und zur Anschaffung von Waffen verwandt und außerdem Schulen, Kirchen und Krankenhäuser gegründet.

Dem Sechsstädtebunde, welcher im Jahre 1346 die Städte der Oberlausitz den Bedrückungen und Räubereien der Ritterschaft gegenüber zu gegenseitigem Schutze vereinigte, gehörte Zittau als thätiges Mitglied an. Gemeinschaftlich wurde manche harte Fehde durchgefochten und manche Raubburg erobert und geschleift.

Sogar die Braugerechtsame führten vielfach zu Streitigkeiten zwischen der Stadt und der benachbarten Ritterschaft. Unter den Sechsstädten selbst fehlte es mitunter nicht an Streitigkeiten. — So entbrannte 1491 zwischen Zittau und Görlitz ein »Bierstreit«. Die Görlitzer wollten das berühmte Zittauer Bier nicht in ihrer Stadt dulden und ließen die eingeführten Fässer auslaufen. Da schickten ihnen die Zittauer einen Fehdebrief, in welchem dieselben erklärten: »Sie wollten ihre Feinde sein, wo sie wüßten, könnten und möchten, bei

Nacht und Tag, an Leib und Gut Schaden zufügen« und fingen den Görlitzern das Vieh weg.

Zwischen den Zünften, unter welchen die Tuchmacher den ersten Rang einnahmen, und dem Rate kam es wegen Verwaltung der Kommunalangelegenheiten mehrmals zu erbitterten Streitigkeiten, so z. B. 1487, infolge deren der Bürgermeister Papst ohne Prozeß vor dem Rathause enthauptet wurde.

Die Reformation wurde in Zittau bereits 1521 durch Lorenz Heidenreich eingeführt. — Böhmischen Exulanten, welche im 17. Jahrhundert ihres Glaubens wegen ihr Vaterland verlassen mußten und nach Zittau flüchteten, wies man »die Viehweide« zur Niederlassung an, wo sie sumpfige Plätze in Gärten verwandelten. Sie bildeten eine besondere Gemeinde, welche im Jahre 1650 gegen tausend Mitglieder umfaßte und ihre besondere Kirche, nebst Geistlichen und Lehrern besaß.

Im schmalkaldischen Kriege ergriff 1547 König Ferdinand die günstige Gelegenheit, die protestantischen Sechsstädte durch den »Pönfall« seine Ungnade bitter fühlen zu lassen. Dieselben verloren alle ihre Privilegien, mußten die Geschütze ausliefern, Kirchenkleinodien herausgeben und 100 000 Gulden Strafe zahlen, auch wurden alle ihre Dorfschaften konfisziert. Zittau erholte sich aber wunderbar schnell von diesem harten Schlage. Mit beträchtlichen Summen wurden in kurzer Zeit fast alle Kommungüter wieder eingelöst. Zu denselben gehören auch die ausgedehnten Forsten, welche den größten Teil des Lausitzer Gebirges ausmachen und der Stadt eine reiche Einnahmequelle sichern.

Mit den erst im Juni 1892 angekauften zwei böhmischen Forstrevieren Hochwald und Petersdorf, welche früher einen Bestandteil der Herrschaft Gabel bildeten, beträgt das gesamte der Stadt Zittau gehörende Forstareal 5637 ha 94 ar.

Vielfach ist Zittau durch Kriegsdrangsale heimgesucht worden. Dreimal stürmten die Hussiten; doch die Bürger verteidigten sich tapfer und schlugen alle Angriffe ab. Noch schlimmeres brachte der dreißigjährige Krieg. Von den Kaiserlichen besetzt, wurde es zweimal, 1632 und 1634, von sächsischen Truppen beschossen und bei der zweiten Belagerung erstürmt. Im Jahre 1641 belagerten die Schweden und im folgenden Jahr die Kaiserlichen die Stadt. In beiden Fällen wurde sie nach starker Beschießung genommen. Freund und Feind hausten in gleicher Weise, plünderten und verwüsteten alles. Der siebenjährige Krieg endlich brachte der Stadt fast vollständigen Untergang.

Infolge der verlorenen Schlacht bei Kollin zog sich ein Teil der preußischen Armee, um das große Mehlmagazin in Zittau zu retten, in die Nähe der Stadt zurück. Die Österreicher unter Daun folgten und erschienen vor dem mit Preußen besetzten Zittau. Da letztere die Stadt nicht sofort übergaben, so wurde sie am 23. Juli 1757 mit glühenden Kugeln beschossen. Binnen einer Viertelstunde brannte es an neun Orten. An Löschen war nicht zu denken. Eine Straße nach der anderen wurde von den Flammen ergriffen.

Bald erschien die ganze Stadt als ein wogendes Flammenmeer. Dichte Rauchwolken lagerten über der ganzen Gegend. Ununterbrochen krachte der Donner der Geschütze und verkündete weithin das entsetzliche Unglück der Stadt. Alle Bitten im Kriegslager waren vergeblich. Zu fliehen, um nur das nackte Leben zu retten, war der einzige Gedanke der unglücklichen Bewohner. Aber wohin? Alle Thore waren geschlossen und die Straßen durch die vielen Wagen des Militärs gesperrt; überall stürzte brennendes Gebälk und Ziegeln von den Dächern, einstürzende Giebel und zerspringende Bomben machten daher jeden Fluchtversuch äußerst gefahrvoll. Und doch irrte man aus einer brennenden Straße in die andere, um sich vor dem immer näher wälzenden Glutstrom zu retten.

Das laute Wehklagen der Weiber und Kinder übertönte das Prasseln der Flammen. Viele flüchteten unter den großen Bogengang des Rathauses, dessen ungeheure Decke der Gewalt der Kugeln Widerstand zu leisten schien. Andere fanden in dem bombenfesten Ratskeller ein Unterkommen. Sie wurden nicht wenig erschreckt, als die Glocke des Rathausturmes krachend herunterstürzte, als ob alles in Trümmer geschlagen werden sollte.

Besonders heftig wurde die schöne Hauptkirche von den Batterien aus beschossen. Bald stand das Dach derselben in voller Glut. Ein Feuermeer ergoß sich von der Höhe über die Stadt. Die beiden prächtigen Türme, eine Hauptzierde Zittaus, stürzten nach und nach stückweise nieder, bis endlich auch das hohe Gewölbe der Kirche mit fürchterlichem Getöse zusammenbrach und alles unter seinen Trümmern begrub. Die herrliche Orgel, ein Meisterwerk Silbermanns, war vernichtet und das schöne neue Glockengeläute für immer verstummt.

Am Abend war die schöne und reiche Stadt nur noch ein rauchender und glimmender Schutthaufen. Zu Gefangenen machten die Österreicher 270 Mann. Außerdem erbeuteten sie zehn Fahnen und außer vielen Munitionsvorräten 14535 Scheffel Mehl. Noch abends stand der größte Teil der Stadt in vollen Flammen. Die Bautzner- und Weberstraße brannte lichterloh. Der blutrot gefärbte Himmel verkündete den Bewohnern der umliegenden Ortschaften in Flammenschrift das Elend, von welchem Zittau heimgesucht worden war.

Am Morgen des 24. Juli konnte man sich in der eingeäscherten Stadt kaum mehr zurechtfinden. Überall erblickte man geschwärzte Ruinen, umgeben von berghohen Schutt- und Aschenhaufen, aus denen noch hin und wieder Flammen hervorbrachen. Beängstigendes Schweigen herrschte in den verödeten Straßen, aus deren Trümmern die Reste der verwüsteten Türme emporstiegen. Gegen 90 Bewohner der Stadt hatten ihren Tod gefunden. Einige waren von Kugeln getötet, andere von niederstürzenden Mauern erschlagen und viele in Kellern qualvoll erstickt, wohin sie die Angst getrieben hatte.

Der Gesamtverlust wurde auf zehn Millionen Thaler geschätzt. Aber wunderbar rasch erholte sich die Stadt von dem schweren Schlage. Daß Zittau bald und schöner aus den Ruinen erstand, verdankte es der Blüte seines Handels, der nach dem siebenjährigen Kriege einen bedeutenden Aufschwung nahm. Noch im Jahre 1801 versandte Zittau Leinenwaren im Werte von über eine Million Thaler.

Leider wurde die Stadt 1778 im einjährigen Kriege abermals hart geschädigt. Sie mußte an die Österreicher eine Kontribution von 200000 Gulden zahlen. — In der Nacht vom 27. zum 28. Mai 1809, als der Herzog von Braunschweig von Grottau her die Stadt überfiel und beschießen ließ, wurde man wieder an das oben geschilderte furchtbare Bombardement erinnert. Es kam in den Straßen der Stadt zu einem kurzen Kampfe mit sächsischen Truppen; und obwohl der Herzog bald vertrieben wurde, so mußte Zittau doch 6000 Thaler an Kontribution zahlen. Die französischen Kriege berührten die Stadt anfangs nur mittelbar. Erst als im Juni 1813 das polnische Armeekorps unter Fürst Poniatowski in Zittau und Umgebung kantonierte und als die Franzosen in Böhmen einfielen, bei welcher Gelegenheit Napoleon am 19. August in Zittau weilte, kam das Kriegsgetümmel in unmittelbare Nähe. — In dem Kampfe, der sich 1866 zwischen Preußen und Österreich entspann, hatte unter den Städten Sachsens besonders Zittau durch massenweise Einquartierung, Truppendurchmärsche und Requisitionen aller Art viel zu leiden. Das eben erst vollendete Schulgebäude für die erste Bürgerschule mußte als Lazarett dienen. In dem Kriege mit Frankreich – 1870 bis 71 – verlegte man das Militärlazarett in die neuerbaute Kaserne.

Ein geschmackvolles Denkmal auf dem Frauenkirchhofe, welcher durch die sich hier bietende Aussicht auf das Oberlausitzer und Isergebirge, die nicht sehr ferne neue Kaserne sowie auf den nahen, 860 Meter langen, auf 34 Bogen ruhenden Viadukt der Zittau-Reichenberger Eisenbahn zu den schönsten Friedhöfen Sachsens zählt, erinnert an die in den hiesigen Lazaretten verstorbenen Krieger.

Zittau verdankt seinen sprichwörtlich gewordenen Reichtum, wie schon erwähnt, hauptsächlich der Tuchmacherei und dem Handel mit Leinenwaren. Seinen Höhepunkt erreichte das Leinengeschäft zu Anfang des vorigen Jahrhunderts. Seit Anfang des gegenwärtigen nahm das einst so blühende Geschäft immer mehr ab. Erst als man seit dem Jahre 1830 die hohe Bedeutung der in unmittelbarer Nähe der Stadt befindlichen mächtigen BRAUNKOHLELAGER erkannte und dieselben erfolgreich auszubeuten anfing, begann sich Zittaus Industrie durch dieses mächtige Förderungsmittel wieder zu heben. Die große Anzahl rauchender Dampfessen läßt Zittau jetzt fast als Fabrikstadt erscheinen. Vorherrschend ist die Orleansbranche, und in den betreffenden Fabriken sowie in verschiedenen anderen gewerblichen Etablissements finden eine große Anzahl von Personen, teils von Zittau und aus der nächsten Umgebung, teils aus dem benachbarten Böhmen Beschäftigung und Verdienst. Außer den großen mechanischen Webereien sind ferner zu erwähnen eine umfangreiche Maschinenfabrik mit Eisengießerei, welche ihre Erzeugnisse weithin versendet, eine Fabrik, in welcher Knopf- und Besatzartikel und Posamenten gefertigt werden, eine Fabrik für Farbwaren und Chemikalien, eine für Holzzement, Dachpappen und Salmiakgeist und Asphalt, Etablissements für Ventilation und Zentralheizung, eine Spiralfederfabrik, mehrere große Ziegeleien, Färbereien, Kleiderfabrikation. Außerdem fabriziert man in Zittau Holz- und eiserne Möbel, Brückenwaagen, Jalousien, Orgeln und Musikinstrumente, Zigarren und Tabak, Feuerspritzen, Drahtwaren u. s. w.

Eine wichtige Erwerbsquelle bildet auch die schon seit Jahrhunderten besonders in den Vorstädten betriebene GEMÜSEGÄRTNEREI, welche wohl an 300 Familien beschäftigt. Ihre Erzeugnisse nebst denen der ebenfalls schwunghaft betriebenen Handels- und Kunstgärtnerei werden weithin und hauptsächlich nach dem benachbarten Böhmen versandt.

Mit dem Aufblühen von Handel und Industrie steht die VERGRÖSSERUNG DER STADT in engem Zusammenhange. Nach der letzten Volkszählung vom

1. Dezember 1890 zählte Zittau 25394 Einwohner inkl. 1594 Militärpersonen in 5981 Haushaltungen. Von ihnen bewohnten 10001 die innere Stadt, 15393 die Vorstädte. Die Ziffer der männlichen Personen war 12569, die der weiblichen 12825. Die Zahl der bewohnten Gebäude betrug 1778, die der Katasternummern ist allerdings geringer, da in neuerer Zeit viele Grundstücke dismembriert wurden und Katasternummern mit a, b, c, u. s. w. bezeichnet worden sind. — Zittau ist Garnisonsort für das 3. königl. sächsische Infanterieregiment Nr. 102 »Prinzregent Luitpold von Bayern«, Sitz einer Amtshauptmannschaft, eines Bezirkskommandos, eines Amtsgerichtes mit Kammer für Handelssachen, einer Handels- und Gewerbekammer, einer Bezirkssteuereinnahme mit Bauverwalterei, einer Straßen- und Wasserbauinspektion, eines königl. sächsischen und eines k. k. österreichischen Hauptzollamtes.

Die Stadt besitzt fünf protestantische Kirchen. Eine katholische Kirche, eine Zierde der Stadt, und ein Bethaus in der böhmischen Vorstadt sind erst in neuester Zeit erbaut worden. Die kleine Jacobikirche in der Grottauerstraße benutzt die deutsch-katholische Gemeinde zu ihren Gottesdiensten.

An Schul- und Erziehungsanstalten sind vorhanden ein Gymnasium, ein Realgymnasium, beide in einem Gebäude, dem Johanneum; mit letzterem ist eine höhere Handelsschule verbunden; ferner giebt es eine Handelsschule für Lehrlinge, eine königliche Baugewerkenschule, eine Bergschule zur Vorbildung von Steigern, 3 Bürgerschulen, eine höhere Mädchenschule, eine katholische Schule, ein Rettungshaus, in welches verwahrloste oder elternlose Kinder aufgenommen werden, eine obligatorische und eine gewerbliche Fortbildungsschule, welch' letztere durch den Gewerbeverein unterhalten wird und zwei Kinderbewahranstalten. Ein prächtiges Schulgebäude (2. Bürgerschule) »am Park«, welches einen Kostenaufwand von über 400 000 Mark erfordert, wurde Ostern 1893 bezogen. Ein im Juni 1892 angekauftes Gebäude in der Webervorstadt wird wahrscheinlich später zu einer Bezirksschule eingerichtet werden.

Das im Innern elegant eingerichtete THEATER auf der Neustadt hat neuerdings viele Verbesserungen und neue Dekorationen erhalten. Es besitzt zwar keine stehende Truppe, aber im Winterhalbjahre geben in der Regel gute Gesellschaften Vorstellungen. — Für Belehrung, für Vertretung von Berufsinteressen, für gesellige Unterhaltung, für wohlthätige Zwecke, wobei sich die rühmlichst anzuerkennende Opferwilligkeit der Bewohnerschaft stets bewährte, für Pflege der Musik u. s. w. sorgen gegen hundert Vereine, ein Beweis, wie entwickelt in Zittau das Vereinsleben ist.

Die PHYSIOGNOMIE der Stadt ist in den letzten Jahrzehnten eine wesentlich andere geworden. Während bis in die vierziger Jahre dieses Jahrhunderts noch die alten Stadtmauern, Türme und Gräben einen Gürtel um dieselbe bildeten und Neubauten zu den Seltenheiten gehörten, sind seitdem an die Stelle jener Befestigungswerke schöne Promenaden getreten, welche Zittau zu einer besonderen Zierde gereichen und vorteilhaft vor vielen anderen Städten auszeichnen.

Als Stadtpark ist auch die kaum ½ Stunde entfernte »WEINAU« zu erwähnen, welche in neuester Zeit vielfach verschönert und 1882 durch den Bau eines prächtig gelegenen, einladenden Restaurants in ein stark besuchtes Lieblingsplätzchen der Städter verwandelt wurde. Unmittelbar neben dem Restaurant schuf man einen mit Fischen besetzten Teich, dessen Oberfläche durch weiße und schwarze Schwäne und anderes Geflügel belebt wird. Eine Veranda und ein größerer Platz vor dem Gebäude mit Musikpavillon sowie ein benachbartes Eichenwäldchen bieten bei Konzerten u.ä. Raum für ein zahlreiches Publikum. Bei festlichen Gelegenheiten gewährt der Anblick eines sich im Wasser spiegelnden Feuerwerkes und eine hochspringende Fontaine einen herrlichen Anblick. Auf den waldumschatteten Wiesen der Weinau werden auch Dank einer Stiftung die alle drei Jahre wiederkehrenden Schulfeste abgehalten. Auch im Winter zur Zeit der Eisbahn herrscht hier reges Leben, zumal wenn Eiskonzerte stattfinden. Die Höhe des an die Weinau anstoßenden Eckartsberges bietet eine vorzügliche Aussicht über das ganze Zittauer Thal und die dasselbe begrenzenden Gebirge. — Zu den Straßen, welche in den letztverflossenen Jahren neu entstanden oder fast lauter neugebaute, ansehnliche Häuser aufzuweisen haben, gehören die Bahnhofs-, Lessing-, Schiller-, Georg-, Berg-, West-, Görlitzer- Schlachthof-, Just- und Goldbachstraße, die Langefahrt sowie der Ottokarplatz, ferner die Promenaden und Teile der Frauen- und Webervorstadt.

Von 1834 bis 1837 wurde die Hauptkirche zu St. Johannis nach Schinkels Plan umgebaut; 1840 bis 1845 erfolgte mit einem Kostenaufwande von ca. ½ Million Mark der Bau des prachtvollen Rathauses, welches, entworfen von Prof. Schramm allhier, mit seinem großartig angelegten Bürgersaale zu den schönsten Deutschlands zählen dürfte. Bürgersaal und Ratskeller wurden im Jahre 1890 restauriert und ersterer 1893 mit drei großen Glasgemälden von Türcke und Schlein geschmückt. Der Kostenaufwand beträgt ca. 9000 Mark. Diese herrlichen Glasgemälde sind hervorragende Erzeugnisse heimischen Kunstfleißes. Das linke Fenster stellt in seiner Oberhälfte die Gründung der Stadt durch König Ottokar von Böhmen, in der unteren Hälfte die Forstwirtschaft, Weberei und Gärtnerei dar. Im Mittelfenster ist die Anteilnahme Sachsens an der Errichtung des deutschen Reiches durch eine Episode aus der Schlacht um Beaumont (Begegnung des Kronprinzen Albert mit Prinz Georg nach errungenem Siege) zu ersehen, während in der unteren Hälfte Schule, Obrigkeit und Krankenpflege in schönen Einzelbildern ausgeführt sind. Durch das dritte Fenster rechts wird in der Oberhälfte der Anfall der Lausitz an Sachsen (Begrüßung des Kurfürsten Johann Georg I. durch Bürgermeister, Ratsherren und Bürger der Stadt) dargestellt, während die untere Hälfte Gewerbe, Handel, Industrie zur Anschauung bringen.

Kein Tourist möge versäumen, diesen herrlichen Schmuck des Bürgersaales in Augenschein zu nehmen. Anmeldung zur Besichtigung erfolgt beim Hausmeister des Rathauses. Zu zahlen sind für 1–3 Personen 30 Pfennige, von jeder weitern Person 10 Pfennige.

Von hervorragenden neueren Bauten sind noch zu erwähnen die BAUGEWERKENSCHULE, das Bürgerschulgebäude, das 1871 vollendete JOHANNEUM, das Hospitalgebäude, die beiden Reservoirs der Wasserleitungen aus der Goldbach und Weißbach, welche der Stadt das ausgezeichnete Trinkwasser aus dem Gebirge zuführen; ferner die in der böhmischen Vorstadt gelegene, palastartig im mittelalterlichen Stile ausgeführte und 1869 vom Regiment bezogene KASERNE, das kaiserliche Postamt und zahlreiche Fabrikgebäude im Westen und Süden der Stadt.

Die Wasserleitung aus der König-Johannsquelle (Goldbach), die Turnhalle, das STADTBAD, jedenfalls eines der schönsten Bäder Sachsens, und das an der Görlitzerstraße gelegene, musterhaft eingerichtete STADTKRANKENHAUS verdankt die Stadt ganz oder teilweise dem in Dresden verstorbenen Senator Just, einem geborenen Zittauer, welcher sein bedeutendes Vermögen derselben legierte.

Zu den neuesten Bauten zählt der am 4. September 1889 dem Betriebe übergebene SCHLACHTHOF an der Friedländerstraße, welcher mancher größeren Stadt als Muster dienen kann. Der Kostenaufwand betrug über 400000 M. — Ein gänzlicher Umbau der Dreifaltigkeitskirche wurde erst im Jahre 1891 beendet.

Eine Hauptsehenswürdigkeit Zittaus bildet das in einem Nebengebäude der Klosterkirche untergebrachte städtische ALTERTUMSMUSEUM nebst der bedeutenden STADTBIBLIOTHEK. Ersteres bewahrt u.a. das auf einem großen Rahmen gespannte »HUNGERTUCH«, d.i. ein aus dem Jahr 1472 stammendes und 108 Szenen aus der biblischen Geschichte darstellendes Gemälde, wie man solche in alten Zeiten während der Fastenzeit in Kirchen aufhing. Erwähnenswert sind ferner eine reichhaltige Kollektion Marterwerkzeuge, alte Waffen, Urnen, Thränennäpfchen, alte geschnitzte und gemalte Kirchenbilder etc.

Während das Museum im Parterre des Gebäudes aufgestellt ist, befindet sich die Stadtbibliothek in den oberen Räumen in zwei größeren Sälen und nebenan in einem gewölbten Saale, welcher noch aus der Klosterzeit stammt. Sie ist namentlich reich an Werken aus dem Gebiete der Lausitzer Geschichte und besitzt auch sonst einen großen Schatz bedeutender und zum Teil seltener Werke, ein Manuskript des Schwabenspiegels, Handschriften von Luther, einen Band Briefe Melanchtons, über hundert Inkunabeln und sehr wertvolle schöne MISSALIEN. Geöffnet sind Stadtbibliothek und Museum Mittwoch und Sonnabend Nachmittags von 2 bis 4 Uhr. Der Stadtbibliothekar, Herr Kantor Fischer, wohnt Marschnerstraße 1.

Eine zweite reichhaltige Altertümersammlung, deren Besuch zu empfehlen ist, besitzt Herr Hauptzollamtsassistent Behms, Burgstraße 17.

Nicht minder besuchenswert ist die AULA des Johanneums, welche mit einem vortrefflichen großen Wandgemälde von Dittrich: »Paulus in Athen predigend« geschmückt ist. Die Besichtigung kann gegen Karten, welche beim Hausmeister zu entnehmen sind, erfolgen; eine Pers. 30 Pf., zwei bis fünf Pers. 50 Pf. und zehn Pers. 1 Mark. Zu empfehlen ist auch der Besuch der HOFGLASMALEREI von Türcke und Schlein, Brüderstraße 7, eines rühmlichst bekannten Kunstinstitutes, welches sich mehrfacher Auszeichnungen von Sachsens König rühmen darf.

Als sehenswert sind ferner noch zu erwähnen: das MARSCHNERDENKMAL. Es gilt einem der berühmtesten Söhne Zittaus, der als Hofkapellmeister in Hannover starb und ist in dem schönsten Teile der Promenaden zwischen dem Heldschen Restaurant und der Wohnung des Stadtgärtners, einer BASTEI aus der Zeit des dreißigjährigen Krieges, aufgestellt. Auf einem Sockel von geschliffenen Granit erblickt man die Büste des Komponisten. Es wurde am 30. September 1888 feierlich eingeweiht und trägt die Inschrift: Heinrich Marschner

1795–1861. Auch an seinem Geburtshause, Reichenbergerstraße 5, haben seine Verehrer eine Marmortafel mit gleicher Inschrift schon früher angebracht.

Die ebenerwähnte Stadtgärtnerwohnung, welche noch an die Zeit erinnert, als Zittau mit Befestigungen umgeben war, ließ der damalige kaiserliche Kommandant der Stadt, Oberst von Golz, um sich vor Ansteckung durch die damals wütende Pest zu schützen, im Jahre 1633 im böhmischen Zwinger erbauen.

Ferner der Tiedgebrunnen auf dem Rathausplatze. Die Stadt verdankt denselben der Tiedgestiftung. Er wurde am 5. August 1889 unter entsprechenden Feierlichkeiten enthüllt und trägt als Hauptfigur die »Zittavia«. — Der alte Grabstein des berühmten Zittauer Bürgermeisters Nikolaus von Dornspach, geboren 1516 und gestorben 1580, ist am früheren Johanniskirchhofe, an der Außenwand des alten Gymnasiums, dessen Stifter er war, angebracht. Er ist in Lebensgröße in der Tracht jener Zeit dargestellt. — Zu erwähnen ist ferner der obeliskenförmige Konstitutionsstein vor dem Johanneum. Er trägt die Inschrift: »Anton, König von Sachsen; Friedrich August, Mitregent.–Konstitution: 4. Sept. 1831. Hochherzige Fürsten verliehen sie, dankbare Bürger und Bürgerinnen weihten dieses Denkmal.«

Der auf dem Marktplatze, gegenüber dem Amtsgerichtsgebäude befindliche Brunnen, dessen Renovation man erst im April 1891 vollendete, wurde 1581 errichtet. Er trägt die Bildsäule des Kriegsgottes Mars. Außerdem sind noch drei schöne alte Brunnen an verschiedenen Stellen der Neustadt vorhanden.

Der Bahnhof, welcher im Jahre 1877 infolge des sich lebhaft steigernden Verkehrs eine beträchtliche

Erweiterung erfahren hat, umfaßt die Bahnhofsinspektion, das Grenzpolizei-Kommissariat, eine Nebenstelle der Stadtpost und Telegraphenstation und das Ingenieurbüreau. Der hochgelegene, bei der Thiemerschen Villa beginnende Fußweg bietet den besten Überblick über den sehr umfangreich angelegten Bahnhof mit seinem regen Leben und zugleich den schönsten Blick auf die Stadt und die das anmutige Thal umsäumenden Gebirgsketten.

Da nicht bloß die Stadt selbst einen sehr angenehmen Aufenthalt und die herrliche Umgebung derselben an Naturschönheiten sehr viel bietet, so ist Zittau jedem Touristen als geeignetes Standquartier zu empfehlen, von dem aus derselbe Ausflüge unternehmen kann. Eisenbahnen nach allen Richtungen erleichtern dies wesentlich. Reisende, welche mit ihnen anlangen und vorher die Stadt, ihre schönen Promenaden oder den Stadtpark (Weinau) besuchen wollen und später mit Benutzung der Oybin-Jonsdorfer Bahn die malerische Umgebung in Augenschein zu nehmen gedenken, seien darauf aufmerksam gemacht, daß es nicht notwendig ist, sich dann nach dem Bahnhofe zu begeben, da von der Mitte der Stadt aus 3 Haltestellen in je 10 Minuten zu erreichen sind.

Zittau dürfte aber nicht bloß Touristen, sondern auch solchen, welchen sich dauernd niederzulassen gedenken, zu empfehlen sein, zumal die städtischen Steuern im Verhältnis zu andern Städten sehr mäßig sind.

Gang durch die Stadt und nächste Umgebung

Bereits wenn der mit der Zittau-Löbauer Bahn Anlangende sich der Stadt nähert, so bietet sich demselben aus dem Bahnwagen ein Blick auf die anmutige, malerisch gelegene Stadt. Sie liegt mitten in einer herrlichen, reich von der Natur ausgestatteten Umgebung. Ein Kranz von Bergen umgiebt dieselbe in einer Entfernung von ca. 1½ bis 2 Stunden. Einen ähnlichen Blick, wenn auch weniger umfassend, gewährt der an der Bahnhofstraße gelegene Garten der Brauhausrestauration.

Beginnen wir vom Bahnhofe aus den Rundgang durch die Stadt, so erblicken wir links von der Bahnhofsstraße sofort die beiden RESERVOIRS der städtischen Wasserleitung.

Das aus Sandstein geschmackvoll ausgeführte Hochreservoir der GOLDBACHLEITUNG erhebt sich 46 Fuß über dem Niveau des höchsten Punktes der innern Stadt und faßt ein Wasserquantum von 742 Kubikmeter. Der Unterbau besteht aus einem Zwölfeck und das kuppelförmige Dachwerk ganz aus Schmiedeeisen. Eine gußeiserne Tafel über dem Portal sagt uns, daß Senator Just in Dresden 90000 Thaler zu dieser Wasserleitung legierte. Der gesamte Kostenaufwand betrug ca. 150000 Thaler. Als am 26. Juni 1863 König Johann von Sachsen die Quelle der Goldbach in Begleitung des Großherzogs Leopold von Toskana besuchte, sprach der damalige Bürgermeister Haberkorn den Wunsch aus: *»Das so rein und lauter, wie dieser Quell fließe, so makellos auch sein Name sein möge.«* Sie erhielt den Namen »König-Johannsquelle«.

Das Reservoir der Weißbachleitung faßt mehr als noch einmal so viel Wasser, nämlich 1500 cbm. Die Quellen der Weißbach an der sächsisch-böhmischen Grenze im Weißbachthale wurden einige Jahre später gefaßt und die bedeutend größere Wassermenge in stärkeren eisernen Röhren nach Zittau geleitet. Meldung erfolgt beim Wassermeister.

Am Ende der Bahnhofsstraße erblickt man links das 1872 vollendete JOHANNEUM mit seinem 56 Meter hohen Turme, der ein Abends erleuchtetes Uhrwerk und zwei Stahlglocken trägt. Das in der schönen Aula befindliche Freskogemälde von Dittrich hat schon früher Erwähnung gefunden. Ebenso das hier stehende Konstitutionsdenkmal.

Weiter links in der Promenade sieht man die Gebäude der 1. BÜRGERSCHULE, der BAUGEWERKESCHULE und die TURNHALLE. Zur Erbauung der letzteren, welche aus drei Sälen besteht, in welchen die Schüler der gesamten Schulanstalten Turnunterricht erhalten, legierte der bereits mehrfach erwähnte Senator Just 12000 Thaler. Der Kostenaufwand betrug das Doppelte jener Summe. Eingeweiht wurde sie am 9. Juli 1874 in Anwesenheit Sr. Majestät, des Königs Albert. Rechts befindet sich, vom Johanneum durch die Bautznerstraße getrennt, das schöne, in Formen der deutschen Renaissance erbaute HAUPTPOSTAMTSGEBÄUDE.

Wenden wir uns nun von hier in westlicher Richtung weiter, so sehen wir, ebenfalls an der Promenade, das großartig angelegte STADTBAD mit säulengeschmückten Hallen, zu denen beiderseits Treppen führen, vor uns. Es enthält zwei große Schwimmbassins. Das Männerschwimmbassin wurde zuerst und zwar am 17. März 1873 eröffnet. Die Baukosten dieses Bades, welches unstreitig zu den schönsten und größten Sachsens gehört, betrugen nahe an 300000 Mark.

Unweit davon ist die DREIFALTIGKEITS- oder Weberkirche, welche eine unterirdische Kapelle enthält. Erwähnenswert sind die auch nach der Renovation wieder eingemauerten, an eine Sage erinnernden Wahrzeichen: ein Kreuz, Schwert und Messer. Die Kirche hat durch den Umbau gewonnen und ist sehr freundlich in ihrem Innern. — Gegenüber, durch die Weberstraße getrennt, erblickt man mitten in den Promenaden das 1863 neuerbaute Hospitalgebäude zu St. Jacob mit Hauskapelle. Den östlichen Flügel bewohnen die weiblichen und den westlichen die männlichen Hospitaliten. Die innere Einrichtung ist vortrefflich. Das Hospital ist eine Versorgungsanstalt für betagte Bürger und Bürgerinnen der Stadt Zittau. Die Stiftung besteht schon seit mindestens 600 Jahren. Der bedeutende Grundbesitz derselben, ca. 217 ha Forsten und 116 ha an Äckern und Wiesen ermöglicht es, daß man 53 Frauen und 25 Männern Wohnung und freie Verpflegung gewähren kann. Die Zahl der Externen, welche erst bei vorkommenden Stellenerledigungen eintreten und welche wöchentlich 3 Mark erhalten, beträgt 36.

Von hier gelangen wir durch die innere Weberstraße zu der in der Nähe des Marktplatzes gelegenen Hauptkirche zu St. Johannis. Ehe Zittau noch zur Stadt erhoben wurde, stand hier jedenfalls bereits eine Kapelle. Erwähnt wird die Kirche zuerst bald nach dem Jahre 1100, und Pfarrkirche ist sie seit 1291. Obschon sie nach der oben geschilderten Einschießung bereits 1766 ziemlich wieder aufgebaut war, so mußte doch der Ausbau eingestellt werden, da der südliche Turm, welcher die Wohnung des Türmers enthält, sich zu senken begann, infolge dessen die Mauern Risse bekamen. Erst in den Jahren 1834-1837 wurde sie nach Schinkels Plänen umgebaut. Achtzig Jahre nach der Vernichtung, am 23. Juli 1837, war der Tag der Weihe. Das Innere ist einfach mit Kassettendecke. In der hohen Nische des Altarplatzes ist eine Christusstatue nach Thorwaldsen aufgestellt. Die Kirche kann geheizt und mit Gas beleuchtet werden. Die großartige Rundsicht vom Turme ist bereits früher besprochen, ebenso wie das RATHAUS am Marktplatz, ein von allen Seiten freistehender Prachtbau. Auf dem Marktplatze an der Westseite befindet sich das AMTSGERICHT und ihm gegenüber der schon erwähnte schöne Brunnen mit der Bildsäule des Kriegsgottes Mars; an der Südseite die beiden Hotels »Goldene Sonne« und »Weißer Engel«.

Durch die Frauentorstraße begeben wir uns jetzt zur Neustadt, einem marktartigen Platz. Mitten auf ihm wurde 1516 der große, 7 Böden enthaltende MARSTALL erbaut, in dem sich das Bau- und Ökonomieamt der Stadt, die städtische Wage sowie das Waffenquartier für das Militär befinden. Gegenüber auf der Westseite ist das Theater und östlich das Hotel »Sächsischer Hof«.

Wir besuchen nun die PETER PAULKIRCHE, auch Klosterkirche genannt, deren schlanken Turm wir von der Neustadt aus erblicken.

An Stelle derselben erbaute man schon 1109 eine Kapelle, das St. Niklaskirchlein, gegenwärtig die Sakristei der Kirche. Als die Besitzer der Stadt ein Kloster gründeten, welches die Herren von Leipa im Jahre 1268 Franziskanermönchen einräumten, wurde denselben die anstoßende Nikolaikapelle überlassen. Nach der Reformation, als das Kloster seine Endschaft erreichte, blieb die Kirche lange unbenutzt. Nach der Einäscherung der Stadt 1757 diente dieselbe, da sie erhalten geblieben war, als Hauptkirche. Ihre gegenwärtige, freundliche innere Einrichtung erhielt sie in den Jahren 1880-1881.

Eine Hauptzierde sind die sehenswerten, im Atelier von Türcke hergestellten, herrlichen Glasgemälde. Das in einem Nebengebäude der Kirche befindliche STÄDTISCHE MUSEUM nebst der Stadtbibliothek sind schon früher besprochen worden. — Von hier gelangen wir in nördlicher Richtung bei der 1. Bürgerschule und Baugewerkeschule vorüber nach der Lessingstraße, wo wir die KATHOLISCHE KIRCHE besuchen wollen. Die feierliche Einweihung erfolgte am 29. September 1890. Der Leiter des Baues, welcher auch die Pläne entwarf, ist Baugewerkschuldirektor Professor Knothe-Seeck.

Die BAUZEIT des schönen Gotteshauses, dessen Stil frühgotisch ist, dauerte sieben Jahre. Die Kirche, unstreitig eine Zierde der Stadt, hat einen Flächeninhalt von 678 Quadratmeter, ihre Länge im Innern beträgt 48, die Breite 17, im Querschiff 26 und die Höhe des Turmes 71 Meter. Da die Kirche auf dem höchsten Punkte der Stadt steht und kein anderer Turm der Stadt diese Höhe erreicht, so ist die schlanke Pyramide desselben weithin zu erblicken. Das Geläute in B-Dur ist das größte und schwerste der Stadt. Als ein Schmuck der Kirche sind auch die prächtig gemalten Kirchenfenster zu erwähnen. Gegen 1200 Personen finden in ihr Platz.

Wir gehen nun bis zur Promenade zurück und zunächst nach der durch ihre architektonischen Verhältnisse sich auszeichnenden KREUZKIRCHE. Dieselbe wurde bereits im 14. Jahrhundert dicht an der Stadtmauer und dem Wallgraben erbaut. Dies war die Ursache, daß sie bei den Belagerungen, welche die Stadt im dreißigjährigen Kriege zu erleiden hatte, fast vollständig zerstört wurde. Im Jahre 1654 wurde die schöne Kirche in kunstverständiger Weise wiederhergestellt.

Gegenüber von der Kreuzkirche ist der erst in neuester Zeit bebaute, aus schönen Villen bestehende Ottokarplatz. Wir wandern nun in östlicher Richtung durch die Frauenthorstraße bis zur Haltestelle der Oybin-Jonsdorfer und Reichenauer Sekundärbahn. Zwischen der Friedländer- und Görlitzerstraße sind 1893 an der Stelle, wo man vor einigen Jahren die Lutherfestspielhalle erbaut hatte, schöne Parkanlagen entstanden. Lindenalleen führen von dem Lutherplatze südlich von dem musterhaft eingerichteten Stadtkrankenhause bis zur Schlachthofstraße. In nächster Zeit wird die Straße bis zum Weinau-Restaurant fortgeführt werden. Ein Besuch des nahen SCHLACHTHOFES ist zu empfehlen. Wünscht man ihn zu besichtigen und seine Einrichtungen kennen zu lernen, so sind für die Führung 25 Pf. zu entrichten. — Von hier aus gehen wir auf die Friedländerstraße zurück und wenden uns der Weinaustraße zu, um den FRAUENKIRCHHOF zu besuchen, dessen prächtige Aussicht auf die das Zittauer Thalbecken umschließenden Berge schon früher erwähnt worden ist. Der umfangreiche und mehrmals vergrößerte Friedhof dürfte zu den schönsten Sachsens zu zählen sein. Die FRAUENKIRCHE, welche als Begräbniskirche dient, wird bereits 1355 erwähnt. In ihr befinden sich zahlreiche Erinnerungstafeln an Verstorbene aus früheren Jahrhunderten, ferner ein kunstvoll geschnitzter Flügelaltar mit dem Bildnis der Maria, eine sehr schöne Kanzel u.s.w. — Wenn es die Zeit erlaubt, so ist ein Rundgang um Zittaus schöne parkartigen Promenaden, welche an die Stelle der früheren Befestigungswerke der Stadt getreten sind, sehr zu empfehlen, ebenso ein Besuch der WEINAU und des angrenzenden ECKERTSBERGES, da beide Punkte angenehme Spaziergänge gewähren.

PARTIEN IN DIE UMGEGEND ZITTAUS UND DAS SÄCHSISCH-BÖHMISCHE GRENZGEBIRGE

Der Oybin

Der herrlichste Punkt des Zittauer Gebirges, der Oybin, ist jetzt nach Vollendung der Oybin-Jonsdorfer Sekundärbahn in einer Stunde zu erreichen. Rückfahrkarten III. Kl. vom Bahnhofe oder Haltestelle aus 90 Pf., Zittau-Vorstadt 60 Pf. Ein Wochentag dürfte zum Besuch vorzuziehen sein, da die Frequenz Sonntags oft eine übermäßige ist.

Der Oybin liegt unweit der Stelle, wo sich der enge Thalspalt des Töpfer- und Ameisenberges nach Zittau zu öffnet. Seine bedeutendste Seite kehrt der 512 Meter hohe Felskegel nicht dem an seinem Südfuße sich lagernden Dörfchen, sondern dem nördlichen einsamen »Hausgrunde« und dem Pferdeberge zu.

Was seine Geschichte betrifft, die hier in kurzen Zügen angedeutet werden soll, so wird der Berg zuerst geschichtlich nachweisbar unter dem Jahre 1280 erwähnt. In diesem Jahre hatten sich Raubritter aus dem Geschlecht der Ritter vom Burgberg-Zittau hier festgesetzt. Ihre Raubburg wurde durch die Zittauer im genannten Jahre zerstört. Um 1312 bauten die Besitzer der Gegend, die Herren von Leipa, eine neue, von

Steinen ausgeführte Burg. Die Burghauptleute von Raptitz und Tannwälder trieben aber selbst Räuberei. Ebenso der Ritter von Michalowitz (Michelsberg), der 1343 den Oybin einnahm, um auf der Leipaer Straße zu wegelagern. KARL IV., König von Böhmen, machte diesem Unwesen ein Ende, indem er das Oybiner Raubschloß zerstören ließ. Die Burg ist seitdem Ruine.

Als im Jahre 1366 Karl IV. CÖLESTINERMÖNCHEN in Avignon den Oybin zur Errichtung eines Klosters vorschlug, erschienen sie mit Empfehlungen des Kaisers in Zittau und besichtigten in Begleitung von Ratsherren den Berg. Die einsame Waldgegend gefiel ihnen. Noch in demselben Jahre bestieg Karl IV. den Oybin und übernachtete daselbst, da die Stadt ihm hier zwei Jahre zuvor hatte ein Haus bauen müssen. Die Felspartien »Kaiserstuhl« und »Kaiserbett« erinnern noch heute an jenen Besuch.

Der Bau des Klosters mit seiner herrlichen Kirche, deren Ruinen unter die schönsten Deutschlands gehören, begann im Jahre 1369. Der Kaiser schenkte dem Kloster die benachbarten Waldungen sowie Mittelherwigsdorf und Drausendorf. Das Schloß aber auf dem südlichen Gipfel behielt er sich vor. Während der Zeit des Klosterbaues hatte Zittau viele Beschwerden, auch mußte es an Geld 200 Schock aufbringen. Die Unterthanen leisteten Arbeiten und Fuhren. Ein Wirtshaus für die Bewirtung Durchreisender wurde um das Jahr 1370 errichtet. Im Jahre 1384 erfolgte die feierliche Einweihung der herrlichen Cölestinerkirche durch den Erzbischof von Genstein von Prag. 1395 kaufte das Kloster ein Haus in der Pfarrgasse zu Zittau, den Väterhof, in welchem jeden Freitag von zwei Scheffeln Getreide Brot an die Armen verteilt wurde. Die Regel des

Ordens war streng und scheint immer so befolgt worden zu sein, daß die Sitten der Mönche, deren Zahl auf 12 berechnet war, keinen Anstoß gaben. Schweigen war Hauptpflicht, nur mittags war auf kurze Zeit ein Zwiegespräch erlaubt. Lautlos schritten die ernsten, in weiße Kutten und schwarze Kapuzen gehüllten Männer einher, wortlos saßen sie in ihren Zellen. Für Fremde wurde in einer Felsennische Brot und Wein zur Labung ausgestellt; Besuch kam nur am Gründonnerstag, wo die Väter zwölf Zittauer Schülern die Füße wuschen und dieselben bewirteten. — Mehrmals fand in neuerer Zeit bei festlichen Gelegenheiten ein Zug der Cölestinermönche durch Gesangsvereinsmitglieder statt. Während man die Kirchruine durch Buntfeuer beleuchtete, hörte man, und zwar erst von fern, Palestrinas »O sanctissima«, der Gesang ertönt näher und beleuchtet von Fackelschein erscheinen langsamen Schrittes die ehrwürdigen Gestalten der Cölestiner, welche dem Kreuzgange zuschreiten. Stets brachte diese Vorführung auf die in der Regel zahlreichen Anwesenden einen mächtigen Eindruck hervor.

Als die Hussiten 1429 sengend und mordend in der Oberlausitz erschienen, belagerte eine Schar derselben am 28. September das Kloster zu Oybin. Vier Stunden bestürmten sie dasselbe aus Geschütz und mit Pfeilen vergeblich. Sie ließen ihre Wut an den Klosterdörfern aus, welche sie ausplünderten und verwüsteten. Auch 1467 erschienen Hussiten vor dem Oybin. Da sie aber das Kloster nicht in ihre Gewalt bringen konnten, so stachen sie die Teiche derselben im Thale ab.

Im Jahre 1515 wurde der Felsengang hinter der Kirche, welcher zum sogenannten »Jungfernsprung« führt, durchgebrochen. Der dadurch gewonnene Sandschutt machte die Anlegung des Begräbnisplatzes möglich, der sich, wohl einzig in seiner Art, auf schmaler Felsterrasse an dem Fuß der Ruine lagert.

Obwohl die Cölestiner noch im Jahre 1516 auf Veranlassung Georgs des Bärtigen auf dem Königstein ein Filialkloster anlegten, welches jedoch nur 8 Jahre Bestand hatte, so konnten sich indes doch die Oybiner Mönche vor dem Frühlingshauche der neuen Zeit nicht abschließen. LUTHERS Einfluß machte sich auch hier geltend. Der Fortbestand des Klosters zu Oybin wurde, je allgemeiner sich die Reformation in der Oberlausitz ausbreitete, immer mehr in Frage gestellt. Da die Bewohner der Klosterdörfer größtenteils die protestantische Lehre angenommen hatten, so wurden viele Einnahmen, z. B. von Seelenmessen, von Jahr zu Jahr geringer. Um nun die Besitztümer und Kirchenkleinodien nicht in die Hände der Protestanten fallen zu lassen, ließ König Ferdinand I. 1532 durch den Landvogt Berka von der Duba und den böhmischen Kanzler ein Inventarium über die Besitzungen, Einkünfte und Schätze des Klosters aufnehmen.

Eine zweite landesherrliche kommissarische Aufzeichnung erfolgte 1544. Dies und der Umstand, daß 1544 und 1545 die Vorwerke zu Drausendorf und Olbersdorf mit allen Vorräten und Vieh gänzlich abbrannten, wirkte so niederdrückend auf die Cölestiner, daß sie bald darauf das Kloster verließen und den Väterhof in Zittau bezogen.

König Ferdinand I. zog hierauf die Klostergüter ein und benutzte sie wiederholt zu Verpfändungen. Der Stadt Zittau mußte alles daran liegen, daß diese Güter, durch welche das Stadtgebiet erst abgerundet wurde, nicht in fremde Hände gelangten. Bald sollte Zittaus

Wunsch, dieselben eigentümlich zu besitzen, in Erfüllung gehen. Laut Kaufsurkunde vom 17. November 1574 erlangte die Stadt vom Kaiser Maximilian II. die Güter für die Summe von 91010 Thaler. Diese Erwerbung war für die Stadt von hoher Bedeutung; denn nicht allein die herrlichen Waldungen, welche sie früher an das Kloster hatte abtreten müssen und deren Ertrag gegenwärtig die wichtigste Einnahmequelle Zittaus bildet, waren wieder das Eigentum der Stadt geworden, sondern mit dem Kloster hatte dieselbe zugleich die Dörfer Oybin, Jonsdorf, Drausendorf, einen Teil von Oderwitz, Olbersdorf und Herwigsdorf erhalten. Und daß man in Zittau die Wichtigkeit dieser Erwerbung nicht unterschätzt, das zeigte die 300jährige Jubelfeier am 17. November 1874. Von seiten der staatlichen Behörden wurde dieselbe durch ein in der Bergrestauration veranstaltetes Mahl festlich begangen. In Begleitung einer Anzahl Ehrengäste bestieg man den Berg, welcher auch im weißen Winterkleide einen überraschend schönen An- und Umblick gewährte. Ehe man denselben in später Abendstunde verließ, wurde die imposante Kirchruine durch Rotfeuer erleuchtet; scharf hoben sich dann der Kreuzgang, das schmale einschiffige Langhaus, dessen Wandung zum Teil der Fels und dessen Decke der Himmel bildet, der 80 Fuß hohe majestätische Bogen, der den Chor vom Schiff abschließt und die Fensterlucken mit ihren schönen Ornamenten ab. Unter Fackelschein und Glockengeläute stieg man im nächtlichen Dunkel in das Thal hinab. — Leider sollte bald, nachdem das Kloster in den Besitz Zittaus übergegangen war, dasselbe Ruine werden.

Infolge eines Blitzstrahles, welcher am 24. März 1577, Sonntags abends 6 Uhr, das Kloster traf, wurde es durch

Brand vernichtet. Die Zerstörung war um so größer, da das Feuer Pulvervorräte ergriff, die eine Explosion verursachten. Fast eine Woche soll das Ausbrennen gewährt haben, da alles gewölbt und das Dach von Schiefer war. Unter dem Bogen der Kirche hing noch bis 1741 ein großes Eichenkreuz an Ketten. 1681 stürzte westlich von der Kirche ein großes Felsstück nieder und zertrümmerte mehrere Gebäudereste, z. B. vom Backhaus, und veranlaßte den Zusammensturz des oberen Teiles des Torturmes. Ebenso litten die Ruinen Schaden, als am 21. Juli 1707 durch unvorsichtiges Schießen von Seiten schwedischer Offiziere, die von Zittau aus, wo sie einquartiert waren, den Oybin besuchten, ein bedeutender Brand veranlaßt wurde, der mehrere Tage lang wütete. Am Fuße des Berges mußten Leute von Oybin und Olbersdorf wachen, damit nicht durch herabfallendes Feuer Schaden verursacht werde.

Vielfache Beschädigungen mögen die Ruinen auch im dreißigjährigen Kriege erlitten haben. Die Bewohner der Gegend verließen in jener Zeit der Not ihre Wohnungen und flüchteten besonders 1631 mit den wenigen ihnen noch verbliebenen Habseligkeiten auf den Oybin. Streitparteien wurden daselbst nicht eingelassen, und mit Gewalt konnte nicht viel ausgerichtet werden, weil das Mauerwerk damals noch im guten Stande und eine förmliche Belagerung nicht lohnend genug war.

Eine handschriftliche Chronik des Oybin erzählt, daß, als einst drei Olbersdorfer Brüder namens Hieronymus unterhalb des ersten Thores auf einem Felsrande standen, während unten im Kretscham Soldaten anwesend waren, ein Soldat die anderen fragt: *»Welchen soll ich herunterschießen?«* Die Antwort lautet:

»Den Mittelsten«. Der Soldat schießt, und der Bezeichnete stürzt getroffen vom Felsrande herunter. Um dieselbe Zeit soll am Oybin auch ein Duell zwischen zwei Wallensteinschen Offizieren stattgefunden haben. Zwei in einem Felsen eingehauene Figuren sollen an jenen Zweikampf erinnern.

Leider wurden im Jahre 1803, als man vor dem Kreuzgange einige Felsstücke zu Bausteinen sprengen wollte, auch schöne Fensterruinen der dort befindlichen Kapelle mit zerstört. Der Durchweg aus dem Souterrain des Kreuzganges zum Gottesacker war zur Klosterzeit nicht vorhanden. Früher führte eine Zugbrücke dahin über eine Schlucht. Erst später ward jener Weg hergestellt und 1823 die Öffnung gewölbt. — Die Kirche am Fuße des Berges wurde 1734 gebaut, nachdem seit 1709 ein Bethaus sich an der Stelle befunden hatte.

Zu erwähnen sind schließlich noch die im Jahre 1888 mit einem größeren Kostenaufwande ausgeführte geräumige Veranda auf dem Gesellschaftsplatze und der hydraulische Widder, welcher dem Oybin aus dem Hausgrunde vortreffliches Trinkwasser zuführt, sowie das in der Burgruine ausgestellte sehr reichhaltige Oybinmuseum, dessen Besichtigung jedem Oybinbesucher zu empfehlen ist. Im Sommer 1893 wurde ein größerer Umbau des Restaurationsgebäudes mit einem Kostenaufwande von zirka 250000 Mark vollendet. Es wurde ein großes schönes Gesellschaftszimmer, eine umfangreichere Küche und unter der Veranda ein schöner, mit Wand- und Glasgemälden geschmückter altdeutscher Speisesaal hergestellt, mit Holzdecken, holzgetäfelten Wänden und stilgerechtem Möblement. Infolge dieses wird das Bergrestaurant auch den Winter hindurch bewirtschaftet.

Obschon der Besuch des Oybins durch Touristen und von solchen, die das wie in einem Alpenthale liegende Dörfchen als klimatischen Kurort benutzen, ein sehr zahlreicher war, so ist die Frequenz nach Vollendung der Sekundärbahn noch bedeutend gestiegen. Oft ist nur schwer der rege Verkehr bewältigt worden. Da von Seiten der Zittauer Stadtverwaltung sehr viel für die Erhaltung der Ruinen geschieht, so kann man hoffen, daß dieselben noch nach Jahrhunderten von der Nachwelt bewundert werden können.

Bei BESTEIGUNG des Berges haben wir die Auswahl unter zwei Wegen. Der, welcher vorzugsweise gewählt wird, führt bei der zum Teil in den Fels gehauenen, malerisch gelegenen Kirche des Dorfes auf den Berg. Wir ziehen den Aufstieg durch den idyllischen HAUSGRUND vor, von dem sich der Oybin und die Ruinen am schönsten ausnehmen, und lassen uns auf einer der Bänke, die an dem mit Schilf bewachsenen Forellenteiche aufgestellt sind, nieder. Von hier haben wir einen Blick echter Gebirgsromantik vor uns, wie er nur an wenig Stellen zu finden sein dürfte. Doch wir müssen uns von dem herrlichen Plätzchen trennen. Wir kommen nun bergansteigend an einem Steinwalle vorüber, welcher den Zugang zum Oybin von hier aus absperrte. Bald ist ein ebener Platz erreicht, der erste BURGHOF, in welchem ein vom Thal herführender Fahrweg mündet. Früher vermittelte eine Zugbrücke, von deren Pfeilern noch einige Spuren vorhanden sind, jetzt eine Holzbrücke den Zugang. Auch der Weg, der auf steinernen Stufen bei der Kirche vorüberführt, vereinigt sich hier mit dem vom Hausgrunde her. Hoch auf steilem Felsen erblicken wir von hier aus den gewaltigen Wartturm, in dem gegenwärtig das Oybinmuseum ausgestellt ist. Wir gelangen nun zu einem noch aus der Ritterzeit herrührenden Thore. Ein schöner Blick über das obere Oybinthal, den Hochwald, den Johannisstein und eine Anzahl in neuerer Zeit erbauter Villen bietet sich uns dar, ehe wir links die Ruine der Burgpförtnerwohnung und vor uns am Felsen den Platz erblicken, wo einst Ställe für Pferde und Hunde angebracht waren. Bald ist das obere Burgthor erreicht, dessen Turm 1681, wie schon erwähnt, durch einen Felssturz zertrümmert wurde. Wir betreten jetzt den oberen Burghof. Westlich und nördlich sehen wir Reste der Burg und der Klostergebäude, namentlich des Refektoriums, südöstlich die Kirchruine, deren Turm in neuerer Zeit bequem zugänglich gemacht worden ist (den Schlüssel erhält man in der Restauration). Ehe wir den schönen Blick in den Hausgrund und auf den Ameisenberg, der sich uns aus den Fenstern des Speisesaales der Mönche bietet, bewundern, betrachten wir das verwitterte Wappen der Berkas von der Duba, welches an einem Felsen angebracht ist, der 1681 mit herabstürzte. Neben diesem Felsstück ist eine Bronzebüste des um die Geschichte des Oybin hochverdienten Dr. Pescheck aufgestellt. Rechts, ehe wir den Kreuzgang betreten, führen uns Stufen zu der herrlichen, im reinsten gotischen Stile erbauten Klosterkirche. Außer Paulinzelle und dem Heidelberger Schlosse dürfte wohl kaum eine andere Ruine einen so überwältigenden Eindruck hervorrufen als diese. Links vom Hochaltar ist eine Seitenkapelle, das Betstübchen Kaiser Karls IV., später als Sakristei benutzt. Durch den Kreuzgang gelangen wir auf den Gottesacker der Gemeinde Oybin. Bemerkenswert ist hier ein rechts am Felsen aufgestellter Grabstein des Peter von Dobschütz, der 1550 starb. Er verweilte damals bei seinem Bruder Sigismund, welcher als Hauptmann die Oybiner Güter verwaltete.

Von hier aus führt eine Holztreppe zu den Ruinen der Burg auf der südlichen Höhe des Berges. Es sind nur noch spärliche Reste vorhanden, einige in den Felsen gehauene Gänge, die Ruinen zweier Türme und geringe Mauerreste. Wir begeben uns zurück auf den Gottesacker, gehen an einer in den Felsen gehauenen, 7 Ellen tiefen Zisterne vorüber und gelangen auf den GESELLSCHAFTSPLATZ mit Restauration und Veranda. Gedenktafeln, die an den Felswänden angebracht sind, erinnern an den Besuch sächsischer Fürsten. Malerisch ist von hier aus durch die Thalspalte zwischen Ameisenberg und Töpfer der Blick nach Zittau.

Wer ein schönes Echo hervorrufen will, lasse einen Böller lösen (á Schuß 50 Pf.), ehe er vom Gesellschaftsplatze aus den RUNDGANG UM DEN BERG antritt. Derselbe ist sehr zu empfehlen, da er an mehreren Stellen schönste Ansichten auf das Oybinthal bietet. Er endet bei dem sogenannten »Jungfernsprunge«. Wieder auf dem Gottesacker angelangt, führen uns Stufen zu dem höchsten Gipfel des Berges, wo sich Kaiserbett und Kaiserstuhl befinden. Beide erinnern an einen Besuch Kaiser Karls IV. In der Nähe beider ist eine CAMERA OBSCURA aufgestellt. Auf einer Holztreppe erreicht man den höchsten Punkt. Man hat von hier aus eine sehr schöne Fernsicht über Zittau und Umgegend bis zur Landeskrone und dem Isergebirge hin.

Zum ABSTIEGE von dem Oybin benutzen wir den Weg, welcher bei dem Kirchlein vorüber in das Thal führt. Wollen wir hier noch verweilen, so sind besonders drei Gasthöfe zu empfehlen: Hotel Engelmann mit schönem großen Saal, der wohleingerichtete Kretscham und das Gasthaus zum Bade mit kaiserlicher Postagentur und Telegraphie- und Fernsprechstelle, außerdem Endlers Gasthof in Nieder-Oybin (Wittigschänke). Logis für einen Sommeraufenthalt kann man in den meisten Häusern, teils einfach, teils höheren Ansprüchen genügend, erhalten. Als klimatischer KURORT ist Oybin sehr zu empfehlen. Die kaiserliche Postagentur, Telegraphie- und Fernsprechstelle befinden sich in dem Bahnhofsgebäude.

Das Mandauthal. Breiteberg und Koitsche

Eine der empfehlenswertesten Partien in der nähern Umgebung von Zittau ist die durch das Mandauthal nach dem Breiteberg und Koitsche. Es ist eine Halbtagspartie. Man nehme eine Rückfahrkarte bis Hainewalde (60 Pf.) Nach der Abfahrt vom Bahnhofe hat man einen prächtigen Blick auf Zittau und den Kranz von Bergen, welcher das Thalbecken umschließt. Auf der Bahnstation Scheibe – Knotenpunkt der Bahnen nach Großschönau, Löbau und Bischofswerda – unterbreche man die Fahrt. Die Fußwanderung am linken Ufer der Mandau ist vorzuziehen.

Durch hübsche Waldpartien, welche mitunter malerische Ausblicke gewähren, gelangen wir in 40 Minuten an dem ansehnlichen Kyawschen Schlosse vorüber nach der Station Hainewalde. Auf dem rechten Ufer führt die Bahn durch das anmutige Thal. Eine erst 1893 gebaute Straße verbindet Hainewalde mit Herwigsdorf. Von der Bahnstation führt uns ein Fußweg nach wenigen Schritten unter der Bahn durch bis zu einem Bauerngute, dessen Gehöfte wir durchschreiten. Auf einem Feldwege wandern wir in der selben Richtung bis zur Zittau-Großschönauer Chaussee. Wir gehen auf derselben eine kurze Strecke weiter und biegen dann links in einen schmalen Fußweg ein, der bis zum Waldrande führt. Von hier ist der Aufstieg auf den BREITEBERG (509 m) gut markiert. In 25 Minuten gelangen wir zunächst zu dem Kaiser-Friedrich-Denkmal. Am 2. September 1891, Sedantag, wurde es unter entsprechenden Feierlichkeiten und im Beisein einer Menschenmenge, die nach Tausenden zählte, enthüllt. Der Sockel ist von Syenit und die Statue über Lebensgröße in Bronze gegossen. Neben der Restauration befand sich bis 1892 ein mehrere Stockwerke hohes Holzgerüste, welches eine vortreffliche Aussicht und ein vollständiges Panorama gewährte. Außer dem durch die nahen Dörfer Bertsdorf, Hainewalde, Großschönau und Warnsdorf belebten Vordergrunde hat man einen prächtigen Blick auf Zittau. Weiterhin gruppiert sich sehr schön das nahe Zittauer Gebirge, der Jeschkenkamm, das Iser- und Riesengebirge, nach Nordosten zu der Löbauer Berg und Kottmar mit ihren Aussichtstürmen (gegenwärtig durch hohe Bäume verdeckt), der Rotstein, die Landeskrone, der Jauernickerberg u.s.w. Hoffen wir, daß die jetzt etwas beschränkte schöne Aussicht bald durch den Bau eines neuen Turmes wiederhergestellt wird.

Wir gehen denselben Weg wieder zurück und erreichen auf der Großschönauerstraße in der Richtung nach Zittau zu von der Straße rechts abbiegend in wenig Minuten die sehr bequem zu ersteigende KOITSCHE. Sie ist zwar nicht hoch, gewährt aber von dem Platze vor der Restauration eine vorzügliche Aussicht über Zittau und seine Umgebung. Das Gestein des Berges besteht, ebenso wie auf dem Breiteberge, aus Phonolith.

Zwischen Koitsche und dem Breiteberg fand am 18. November 1467 ein erbittertes GEFECHT statt. Hussiten, welche die Zittauer Gegend ausgeplündert hatten, zogen sich am genannten Tage mit großer Beute an Vieh über Pethau und Hörnitz zurück und wollten sich gegen Warnsdorf und Tollenstein wenden. Die Zittauer lagen im Gehölze des Breiteberges an der Straße nach Großschönau im Hinterhalte. Sie hatten früher einen Kundschafter aufgefangen, den man zwang, die Böhmen durch ein falsches Zeichen ins Verderben zu locken. Die Hussiten wurden überfallen und gänzlich geschlagen. Gegen 150 blieben tot auf dem Kampfplatze, worunter auch ein Anführer, von Lottitz aus Schirgiswalde. Den Gegnern war der ganze Raub wieder abgenommen worden.

Um nach der Bahnstation Hainewalde zu gelangen, gehe man eine kurze Strecke auf der Chaussee in der Richtung nach Großschönau wieder zurück. Rechts abbiegend führt uns eine Fahrstraße bald nach der Station Hainewalde. Rechts von der Straße erblicken wir, nur wenige Minuten entfernt, die hochgelegene Wettinbaude. Gestattet es die Zeit, so besuchen wir sie, denn man hat von der Höhe eine lohnende Aussicht auf das Mandauthal und das sächsisch-böhmische Grenzgebirge.

Ziehen wir eine Fußwanderung von Zittau aus nach Koitsche und Breiteberg vor (2 Stunden), so führt uns der Weg zunächst durch die äußere Weberstraße, bei den Gasometern der städtischen Gasanstalt vorüber. Links biegt man dann in die Burgstraße ein. Hier bauten sich die ersten Ansiedler an, weshalb dieser Stadtteil früher im Volksmunde den Namen »der alten Sitte« führte. Hinter der Burgmühle, bei der wir vorüberkommen, welche im Jahre 1335 erwähnt wird, befindet sich in der Nähe der Mandau der BURGBERG, welcher freilich in neuerer Zeit durch Abgrabungen viel niedriger geworden ist als er früher war.

Hier und wahrscheinlich später auf ihrem Hofe in der Nähe der Klosterkirche, weshalb jener Stadtteil noch jetzt »Hofstadt« heißt, wohnten die HERREN VON LEIPA, denen das ganze Gebiet von Leipa in Böhmen bis zur Burg Rohnau gehörte. Die Herren von Leipa gehörten zu dem weitverzweigten böhmischen Geschlechte der Hronowice. Im Jahre 1778, zur Zeit des einjährigen Krieges, war auf dem Burgberge eine Schanze mit 32 Geschützen angelegt.

Wir wandern auf dem schattigen Wege neben dem Burgmühlgraben weiter nach Pethau und Hörnitz (schönem Schlosse), wo wir die Großschönauer Straße erreichen, nach der KOITSCHE, nachdem wir in der Nähe des Berges links abgebogen sind. Über Koitsche und Breiteberg ist schon das Nötige gesagt.

Das Neißthal, Burg Rohnau, Kloster Marienthal

Zu den Partien, welche früher von Touristen und den Bewohnern der Gegend von Zittau und Görlitz nur spärlich besucht wurden, da eine Fußtour dahin einen vollen Tag erforderte und eine Partie zu Wagen ziemlich kostspielig war, gehört das zwischen Hirschfelde und Ostritz gelegene NEISSTHAL. Die von den böhmischen Bergen hinter Reichenberg kommende Neiße hat sich hier in grauer Vorzeit gewaltsam einen Weg gebahnt. Es gehört zu den schönsten Flußthälern Sachsens und wird von beiden Seiten von bewaldeten Höhen eingeschlossen, welche neben dem rauschenden Flusse kaum für die durch den Bahnkörper noch mehr beengte Straße Raum lassen.

Die frühere Waldeinsamkeit des Thales ist gegenwärtig geschwunden. Seit der am 15. Oktober 1875 erfolgten Betriebseröffnung der Zittau-Görlitzer Eisenbahn ist dasselbe das Wanderziel von Tausenden geworden. Während man früher nur die schönen Aussichtspunkte des Zittauer Gebirges bevorzugte, geschieht dies jetzt, seitdem man für 60 Pf. und Sonntags sogar für 40 Pf. die 10 km lange Strecke bis Station Rosenthal hin- und zurückfahren kann, auch mit diesem Punkte, der mitten im Neißthal romantisch gelegen ist. Welcher Gunst sich das Neißthal beim Publikum erfreut, ist daraus zu ersehen, daß z. B. nach Eröffnung der Bahn an einem Tage auf dem Bahnhofe Zittau ziemlich 3000 Fahrbillets nach Hirschfelde und Rosenthal verkauft wurden. — Wir benutzen die Bahn zunächst nur bis Station Rohnau und erblicken von hier aus die unten an der Neiße gelegene umfangreiche Müllersche Flachsspinnerei. Am 15. Januar 1877 brannte das 4½ Etagen hohe, gegen 80 Meter lange Hauptgebäude nieder; in wenig Stunden war der Wert von Hunderttausenden vernichtet. Unmittelbar hinter den Fabrikgebäuden nimmt das Neißthal seinen Anfang. Da wir aber die ¼ Stunde entfernte Burgruine Rohnau vorher besuchen wollen, so wandern wir zunächst im Dorfe Rohnau eine Strecke hinauf und wenden uns dann links zum Forsthause, wo wir die Gelegenheit haben, vor Besichtigung der Ruine eine Stärkung einzunehmen. Unmittelbar hinter demselben sieht man das Mauerwerk der Ruine vor sich. Die Überreste der Burg befinden sich auf einem ringsum durch Thalsenkungen abgegrenzten Hügel, welcher mit seinem Fuße fast bis zur Neiße reicht und eine hübsche Aussicht auf das Isergebirge und das Lausitzer

Die Burg wurde am Anfange des 13. Jahrhunderts von den Herren von Leipa erbaut. Erwähnt wird sie zuerst urkundlich im Jahre 1262. Sie gelangte später in den Besitz des Markgrafen Jobst von Mähren. Da aber von Rohnau aus die ganze Umgegend durch Räubereien unsicher gemacht wurde, so belagerten die Zittauer in Gemeinschaft mit den anderen Sechsstädten Mitte Januar 1399 die Burg. Die Erstürmung bot große Schwierigkeiten, da dieselbe nur von der Dorfseite zugänglich war. Besonders soll ein Ritter durch seine Tapferkeit die Eroberung lange Zeit verhindert haben. Die Sage erzählt, daß ein guter Schütze der städtischen Mannschaft den Augenblick benutzt habe, in dem sich jener unweit des Fensters den Harnisch anschnallte. Durch einen Pfeilschuß getroffen, sei er gefallen und damit der Widerstand der Besatzung gebrochen gewesen. Die Burg wurde von den Städtern gänzlich zerstört und liegt seitdem in Ruinen. Eine Woche hatte die Heerfahrt gedauert.

Gebirge gewährt. Von der Burg sind noch 4 Ellen starke und 13 Ellen hohe Mauerreste vorhanden. Der Schloßhof, an dessen Eingang sich jetzt die Försterwohnung befindet, war 210 Ellen lang und 92 Ellen breit. Südlich führte zu ihm eine Zugbrücke. Ihn umgab eine mit Brustwehren und einem Wartturme versehene Mauer. Außer einem ziemlich breiten und tiefen, zum Teil verschütteten Wallgraben, welcher sich, mit Mauerwerk umgeben, rings um die Burg zog, ist auch noch ein 75 Ellen tiefer Brunnen vorhanden. Den Schlüssel zum Brunnenhäuschen erhält man im Forsthause. Wirft man ein brennendes Papier hinunter, so kann man sich von der Tiefe des Brunnens überzeugen. In dem wenige Schritte davon befindlichen, noch ganz gut erhaltenen Keller fand man Waffen.

Von der Försterwohnung führt ein Weg hinunter ins Neißthal. Am Bahndamm angelangt, gehen wir am Ufer der Neiße, welche hier einen bedeutenden Bogen macht, hin und bald erblicken wir die Haltestelle Rosenthal auf der Höhe am gegenüberliegenden Ufer. Ein Steg, für dessen Unterhaltung der Gebirgsverein Hirschfelde Sorge trägt, vermittelt den Übergang. Durch die Station Rosenthal ist das reizende Thal leichter zugänglich gemacht worden; denn das Neißthal verdient unter den an Naturschönheiten so reichen Zittauer Thalkesseln mit an erster Stelle genannt zu werden. Es bietet eine glückliche Abwechslung mit den bizarren Steingebilden des Oybins, Töpfers und der Jonsdorfer Felsen. — Der Platz ist für die Haltestelle sehr glücklich gewählt. Neben derselben befindet sich die empfehlenswerte Restauration mit Konzertplatz und einer terrassenförmig angelegten Höhe, welche nach drei Seiten hin eine prächtige Aussicht auf herrliche Waldpartien bietet. Wandern wir nun weiter durch den unteren Teil des Thales nach dem 1¼ Stunde entfernten KLOSTER MARIENTHAL. Der Weg führt immer

DAS KLOSTER wurde im Jahre 1234 von der Königin Kunigunde von Böhmen, einer Tochter Philipps von Schwaben, gestiftet. Mehrmals sind die alten Klostergebäude durch Kriegsverheerung und Brand zerstört worden; z.B. 1427, als unter Anführung der beiden Prokope die Hussiten schrecklich in der Oberlausitz wüteten und am 11. Mai das Kloster niederbrannten.

Gleichzeitig ging auch das auf der Höhe nahe bei Marienthal gelegene Dorf SIFRIEDSDORF in Flammen auf und ist seitdem nicht wieder aufgebaut worden. Einige Brunnen und Mauerreste im Walde nahe an der Görlitzer Straße in der Nähe der Bergschänke erinnern heute noch an jene Schreckenszeit.

Die gegenwärtigen KLOSTERGEBÄUDE stammen aus dem Ende des 17. Jahrhunderts. Das Innere der Kirche macht mit seinen zahlreichen Fresken und mit dem vielfach angebrachten Vergoldungen einen prächtigen Eindruck. Vor den Seitenaltären sind zwei schön geschmückte Heilige in gläsernen Särgen ausgestellt. Die Glasmalereien der großen Fenster lassen die Beleuchtung etwas düster erscheinen.

Unter der KREUZKAPELLE birgt die Gruft des Klosters die letzten Reste der berühmten Sängerin Henriette Sontag (Gräfin Rossi), welche dem Wunsche der Verstorbenen gemäß aus Amerika hierher gebracht wurden, wo auch ihre Schwester Nina, einst Sängerin am Magdeburger Theater, als Nonne lebte.

am linken Ufer der Neiße hin, welche vielfache Krümmungen macht und rauschend über die im Flußbett lagernden Felsblöcke dahinströmt. Namentlich Sonntags sind die anmutigen Waldwiesen mit fröhlichen Gruppen von Wanderern belebt. Überall bieten sich schöne Blicke auf die in den verschiedensten Farbentönen prangenden Laubwaldungen der Nebenthäler.

Bald erblicken wir in überraschend schöner Lage, am Ende des Neißethales, das Zisterzienserinnenkloster Marienthal vor uns.

Von drei Seiten von Höhen umgeben, liegt das von dreißig, meist aus Böhmen stammenden Nonnen bewohnte Kloster, im Süden und Osten von der Neiße umflossen, am linken Ufer derselben. Besonders malerisch ist der Blick von der westlichen und der etwas entfernteren nordöstlichen Höhe.

Nach Besichtigung des Klosters ist die Rückfahrt bis Rosenthal entweder vom Bahnhofe Ostritz (½ Stunde) oder der 5 Minuten entfernten Haltestelle Rusdorf anzuraten. Der Blick auf das Kloster, welchen man vom Bahnwagen aus bei der Rückfahrt, steht dem vom Neißethale bedeutend nah. Die Bahn beschreibt in größerer Entfernung von den Klostergebäuden eine große Kurve und mündet erst, nachdem man dieselben hinter sich hat, in das Neißethal ein.

Haben wir im vorigen Abschnitte das Neißthal bis zum Kloster Marienthal besucht, so wollen wir jetzt dieselbe Fahrt wiederholen, aber über Ostritz weiter fortsetzen. Wir verlangen eine Rückfahrkarte bis Görlitz (2,10 M., Sonntags 1,40 M.)

Wir langen nach einstündiger Fahrt in Görlitz an, um die Landeskrone, das Wanderziel von Tausenden von Touristen, zu besuchen.

Landeskrone und Jauernickerberge

Obwohl dieselbe nur 1½ Stunde von Görlitz entfernt ist, so sehen wir doch von einer Fußtour ab, da von der Straßenbahnhaltestelle am Bahnhofe ein regelmäßiger Omnibusverkehr bis an den Fuß des Berges stattfindet (Fahrpreis 25 Pf.) Von dem am Fuß der Landeskrone gelegenen Klein-Biesnitz gelangt man bald zu einer Lindenallee, welche bis zur halben Höhe des Berges führt. Wir können von hier aus drei Wege zum weitern Aufstieg benutzen. Wir wählen den Fahrweg links, den alten Burgweg. Er ist mit Ruhebänken versehen und führt uns, obwohl etwas länger, jedoch sanft ansteigend, zum Ziele.

Da sich die LANDESKRONE aus dem Flachlande erhebt und seine nahen Höhenzüge den Ausblick hindern, so ist die Aussicht von dem nur 425 Meter hohen Berge eine ausgezeichnet schöne. Nach Osten hin erblickt man in der Ferne das Katzbachgebirge, südöstlich das Iser- und Riesengebirge mit der Schneekoppe und den anderen Gipfeln, etwas nach rechts den Friedland-Haindorfer Kamm und ihm vorgelagert Schloß Friedland. Südlich erscheinen die Kuppen des Jeschkenkammes, die Berge bei Weißkirchen und das Zittauergebirge am Horizont, südwestlich die sächsische und böhmische Schweiz, im Westen die Bautzner- und gegen Nordwesten die Königshainerberge. Nördlich und nordöstlich hat man den Blick in die norddeutsche Tiefebene. Die Zahl der Städte und Dörfer, welche man erblickt, ist eine sehr große.

Doch da wir noch die ½ Stunde entfernten Jauernickerberge besuchen wollen, so treten wir den Wei-

Was nun die Geschichte der BURG LANDESKRONE, welche man auf der obern nördlichen Kuppe des Berges erbaute, betrifft, so war dieselbe seit dem 13. Jahrhundert in dem Besitze der Herren von Landskron, welche zuerst 1213 erwähnt werden. Urkundlich wird die Burg 1268 genannt. Im Jahre 1357 gelangte sie an Kaiser Karl IV., welcher den Besitzer von Friedland, Sorau etc., Friedrich von Biberstein, damit belehnte. Wegen Räubereien der Bibersteinschen Lehnsleute entstanden bald Streitigkeiten mit Görlitz. Im Jahre 1440 wurde die Stadt Besitzerin der Burg, zu welcher auch einige benachbarte Dörfer, z.B. Biesnitz, gehörten. Sie wurde sofort abgebrochen, während der Meierhof zwischen den beiden Bergspitzen noch einige Zeit stehen blieb. — Doch schon in uralter Zeit war am nördlichen Gipfel ein Steinwall vorhanden. Man fand hier eine bronzene Sichel, Lanzenspitzen und 1828 Urnen sowie Tierknochen. Also schon in ältester Vorzeit war die Landeskrone eine Verteidigungs- und Opferstätte.

Eine im altdeutschen Burgenstil erbaute, im Innern elegant ausgestattete Restauration verdankt man den städtischen Behörden von Görlitz. Seit 1863 ist das stattliche Bauwerk der Öffentlichkeit übergeben. Bereits im Jahre 1796 hatte Herr von Meyer zu Knonow, ein großer Naturfreund, den Bau eines Zufluchtsortes für die zahlreichen Besucher des Baues angeregt. Man erbaute auf dem höchsten Gipfel des Berges die sogenannte Kapelle, welche jetzt neben dem Burgturme als Aussichtspunkt dient. Das Innere ziert eine Statue des Bürgermeisters Demiani, welcher sich um das Aufblühen von Görlitz die höchsten Verdienste erworben hat, und die Ansicht der Burg Landeskrone vor ihrem Abbruch. Zu erwähnen sind ferner die Wappen der Stadt Görlitz und der Herren von Biberstein, welche zu den ersten Besitzern der Burg gehörten, in schöner Glasmalerei.

termarsch an. Bald erreichen wir die bereits erwähnte Lindenallee. Von hier aus gehen wir südlich an den neuen Anpflanzungen entlang. Man hat prächtige Ausblicke nach dem Iser- und Riesengebirge. Bald erblicken wir vor uns die Jauernickerberge, links das Dorf Cunnerwitz. Zwischen Wiesen und Feldern, an Ober-Pfaffendorfer Flur vorüber, dann durch eine Obstallee, überschreiten wir die Görlitz-Friedersdorfer Straße und gelangen bald zwischen Feldern und Kiefernwald nach Jauernick und dem Gasthause »Wilhelmshöhe«. Von hier begeben wir uns auf den nur wenige Schritte entfernten, mit einem eisernen Kreuze versehenen Gipfel des KREUZBERGES (297 Meter). Die Aussicht ist malerisch und der von der Landeskrone fast noch vorzuziehen. Namentlich schön ist der Blick auf die Berge des Zittauer Gebirges, den Iserkamm, das Friedländer- und Riesengebirge. Die auf dem Kreuzberge befindliche Kirche ist die älteste in weitem Umkreise, denn ein gleiches Alter dürften bloß die Kirchen zu Bautzen und Gabel noch haben. Eine ebenso entzückende Aussicht wie der Kreuzberg bietet auch der 20 Minuten entfernte SCHWARZEBERG.

Von hier wandern wir der 1¼ Stunde entfernten Bahnstation Nikrisch zu. Der Weg führt uns über Nicha, Berzdorf und Tauchritz, zum Teil an der preußisch-sächsischen Grenze hin. Der Abendzug bringt uns nach Zittau zurück.

Töpfer, Scharfenstein, Felsengasse, Hochwald, Johannisstein, Ludwigshöhe

Den bequemsten Aufstieg auf den 571 Meter hohen TÖPFER hat man von der Haltestelle Oybin aus. Man geht beim Bade rechts ab und erreicht in ziemlich ¾ Stunde den Gipfel mit guter, zum Uebernachten eingerichteter Restauration. Da der Weg durch weiße Striche angedeutet ist, kann man nicht irre gehen. Ganz in der Nähe der Restauration sind die beiden Aussichtspunkte, das durch den Zittauer Verein »Globus«

bequem zugänglich gemachte Felsenthor mit Orientierungstafel und die von Felsen gebildete Plattform. Von beiden Standpunkten zeigt sich unserm Auge ein anmutiges Bild, dessen Mittelpunkt Zittau mit seinen schönen Türmen, seinen leuchtenden roten Ziegeldächern, seiner burgähnlichen Kaserne und dem großartigen Viadukt der Zittau-Reichenberger Bahn ist. Unter uns in grüner Tiefe erblicken wir Waldungen von Nadelholz und das mit dem Dorfe Oybin zusammenhängende Olbersdorf mit seinen Kohlenwerken und seiner langen Reihe von Häusern, deren Giebel aus einem Kranze von Obstbäumen hervorragen. Eine der reizendsten Fernsichten – das Auge schweift über eine der bevölkertsten Gegenden Sachsens mit einer Menge von Ortschaften – wird südlich und westlich vom Lausitzer Gebirge, nördlich von der Landeskrone bei Görlitz und östlich vom Riesen- und Isergebirge und dem Jeschken begrenzt.

Wir besuchen nun von hier aus die sogenannte böhmische Aussicht, nach der uns ein schattiger Waldweg an eigentümlich gestalteten Felsgebilden vorüberführt. Von dem Vorsprunge eines Felsens überblicken wir die überraschend schöne Gebirgslandschaft des Iser- und Jeschkenkammes und in der Ferne den weithin sichtbaren Bösig mit seinen beiden Gipfeln. Von hier gehen wir wieder bis in die Nähe der Restauration zurück, um den Wackelstein und die erst in neuerer Zeit zugänglich gemachte, überraschend schöne Oybinaussicht aufzusuchen. Wir finden uns leicht zurecht, da die Wege markiert sind. Der Blick von der letzteren auf das Oybinthal, den Berg mit seinen Ruinen und in weiter Ferne auf den spitzen Kegel des Kleis ist geradezu entzückend. In der Nähe ist die steile Felswand der »Jungfrau«, ein Felsengebilde, welches, schon vom Thale aus gesehen, die Aufmerksamkeit des Wanderers auf sich lenkt.

Sehr lohnend ist ferner ein Besuch der nahen Gratzersteine und GRATZERHÖHLE, in der sich einst Siedler der religiös-freisinnigen Gemeinden versammelten, um Vorträge der Prediger Johannes Czersky aus Schneidemühl, Elsner aus Zittau etc. anzuhören. Eine an dem Felsen angebrachte Schrift erinnert an jene Tage. — Ein anderer, aber steilerer Aufstieg zum Töpfer führt von der »Wittigschänke« aus auf markiertem Wege in ¾ Stunden auf den Berg.

Wir verlassen nun den Töpfer, schreiten in der Richtung nach dem Hochwalde fort und erblicken vielfach Sandsteinfelsen von grotesken Formen und überraschenden Zerklüftungen und Eisennieren.

Nach halbstündigem Wandern (Wegweiser zeigen uns die Richtung) sehen wir einen Aussichtspunkt von großer Schönheit vor uns, die Felsenpyramide des SCHARFENSTEIN, welcher mit ziemlichem Kostenaufwande ebenfalls von dem Zittauer Verein »Globus« zugänglich gemacht worden ist. (Überhaupt ist dieser überaus tätige Verein unter seinem Vorsitzenden, Herrn Professor Dr. Friedrich, ebenso wie der Gebirgsverein zu Oybin, dem allerdings weniger Mittel zu Gebote stehen, stets bemüht, die Naturschönheiten des Zittauer Gebirges zu erschließen.)

Der Scharfenstein gewährt, ebenso wie »Seidels Ruhe« und die Mönchsteine bewundernswerte Einblicke in das Oybiner Thal, auf den Hochwald und Ameisenberg. — Der höchste Punkt des Kammes sind die BRANDSTEINE auf Lückendorfer Seite, welche, obwohl wenig höher als die unweit davon befindlichen beiden Aussichtspunkte (ein Wegweiser zeigt links aufwärts zur Höhe), doch ein vollständiges Panorama gewähren. Man hat den Blick nach Böhmen, wo besonders Schloß Lämberg, Gabel und der Bösig in die Augen fallen, den Blick in das Zittauer Thal, die Löbauer Gegend und in das Oybiner Thal.

Wir gelangen nun in die nahe FELSENGASSE, welche reich an großartigen Felspartien ist. Auch hier ist der Weg markiert. Mehrmals hat man zwischen Felsöffnungen schöne Blicke in das Oybiner Thal. Am Ende der Felsengasse gelangen wir zum »Muschelsaal«, der rings von hohen Felswänden umgeben und mit Ruhebänken versehen ist, da die Oybiner Kurgäste gern hier verweilen. Die muschelartigen Bildungen sind durch Auswaschungen im weichen Sandstein entstanden.

Unweit davon sind die KELCHSTEINE an der von Lückendorf nach Oybin führenden Kammstraße. Es sind rote, eisenhaltige, isoliert stehende Sandsteinfelsen von beträchtlicher Höhe in Kelchform. Von hier führt der Weg durch Wald, und man gelangt bei der Trummlerschen Villa auf die von Oybin nach Hain führende Straße. Zwei andere Wege nach dem Hochwald sind zwar kürzer, aber viel steiler. Wer ganz sicher gehen will, da gerade für den der Gegend Unkundigen hier eine Verirrung möglich ist, dem ist anzuraten, in Oybin, wo man auch Ponys oder Sesselträger nach dem Hochwalde erhalten kann, einen Führer mitzunehmen. Am Waldrande erreichen wir die Straße.

Auf dem Wege nach dem Hochwalde nimmt uns zunächst ein schöner Wald auf. Bald erreichen wir das hochgelegene Dorf HAIN. Hinter dem dicht an der böhmischen Grenze gelegenen Marxschen Gasthause, aus dessen Glasveranda man einen schönen Blick ins

Oybinthal und nach Zittau hat, führt der Weg links nach dem Waldrande. Man wende sich dann rechts und folge den weißen Marken.

Der 752 Meter hohe HOCHWALD besteht auf sächsischer Seite aus Phonolith, auf böhmischer dagegen aus Sandstein. Er hat zwei Gipfel und ist seiner schönen Aussicht wegen schon seit langer Zeit das Wanderziel von Tausenden. Vielfach ist man geteilter Meinung, welche Aussicht vorzuziehen sei, die vom Hochwalde oder die der Lausche. Jede hat ihre eigentümlichen Vorzüge. Während das Panorama von der Lausche jedenfalls großartiger ist, so ist dagegen der Blick vom Hochwalde, was seinen südlichen Gipfel betrifft, über den die böhmisch-sächsische Grenze führt, des prachtvollen Vordergrundes in der Richtung nach Böhmen hin, vielleicht vorzuziehen. Die nördliche Kuppe, nach welcher von der Restauration aus ein markierter Weg führt, gewährt eine schöne und weite Aussicht über das Oybiner Felsenthal nach einem großen Teile der Oberlausitz. Seit 1879 hatte der Hochwald dem schon mehrfach erwähnten Vereine »Globus« einen von Holz ausgeführten, 10 Meter hohen Aussichtssturm, den »Carolaturm«, zu verdanken. Erst von ihm aus war Zittau zu erblicken und überhaupt die Rundsicht bedeutend erweitert worden.

Außer dem bisherigen guten, zum Übernachten eingerichteten Gasthause, aus dessen Gesellschaftszimmern man schon eine schöne Aussicht hat, ist in neuester Zeit nebenan auf sächsischem Grund und Boden ein zweites, demselben Besitzer gehörendes Gasthaus mit schönem Saal und Fremdenzimmern erbaut worden. Die eine Hälfte des Berges ist im Besitz der Stadt Zittau, der böhmische Anteil, welcher zur Herrschaft

Da der eben erwähnte hölzerne Aussichtsturm baufällig geworden war, so beschloß der Verein »Globus« den Bau eines steinernen, 25 Meter hohen Hochwaldturmes auf der nördlichen, sächsischen Kuppe mit Wärterhäuschen, zumal man von hier aus einen prachtvollen Blick in das Oybinthal hat, während nicht zu befürchten war, daß der herrliche Blick nach Böhmen bei der Höhe des Turmes etwas von seiner Großartigkeit verlieren würde. Nachdem am 7. Mai 1892 der Grundstein zum Bau gelegt worden war, fand am 14. September die Einweihung statt. Die Festteilnehmer zählten nach Tausenden. Der Vorstand des Vereines »Globus«, Prof. Dr. Friedrich, hielt die Weiherede. Der in Flaggen und Laubgewinden prangende Turm, welcher einen Kostenaufwand von zirka 13000 Mark erforderte, bietet nach Osten und Norden eine wesentlich erweiterte Rundsicht. Im ersten Jahre nach seiner Vollendung haben nicht weniger als 18000 Personen den Turm bestiegen. Ein neuer, zweckmäßig angelegter Weg, welcher näher und gut markiert ist, führt von der Restauration »zum Forsthaus« in Hain direkt zum Turm.

Gabel gehörte, ist erst im Laufe des Jahres 1892 von der Stadt erworben worden. Wir besteigen denselben und erfreuen uns an der herrlichen Aussicht.

Am östlichen Horizonte erblicken wir das Iser- und Riesengebirge; südöstlich gruppiert sich sehr schön der Jeschkenkamm, vor ihm der Kalkberg und an dessen Abhange das Dorf Pankraz; hinter dem Kalkberge erscheint der Langeberg; ganz besonders reizend ist im Vordergrunde der Anblick des Schlosses Lämberg; in südöstlicher Ferne sieht man den Trosky mit seinen mit Burgruinen gekrönten Gipfeln, den Kozakow, das Sandsteingebirge an der Iser vor Turnau, die Burgruine Dewin am Hammersee bei Wartenberg, vielfach nahe und ferne Berge bis zur Elbe hin, unter denen sich besonders der Georgenberg bei Raudnitz und der doppelgipfelige Bösig mit Burg- und Klosterruine hervorheben; rechts von Gabel der große Roll mit Ruine, am Fuße desselben die Stadt Niemes; ferner südwestlich das Schwoikaer Gebirge mit dem Glawizeck, der Urthelsberg, das Städtchen Zwickau, der Limberg, der Kottowitzer Berg und der Spitzberg bei Leipa. Ganz in der Nähe des Hochwaldes erblicken wir den Falkenberg mit Burgruine, das Städtchen Haida und im Hintergrunde den Geltsch und noch weiter den Mileschauer bei Teplitz. Westlich rechts von Zwickau erscheint der spitze Kleis, rechts von diesem im Hintergrunde der hohe Schneeberg, der Kalteberg und noch weiter rechts die Berge der sächsischen Schweiz. Im Nordwesten erblickt man die Lausche, links davon den Tannenberg, rechts von der Lausche im Vordergrunde den Jonsdorfer Mühlsteinberg, die Nonnenfelsen, Warnsdorf, Großschönau und Rumburg. Im Norden sehen wir über das Oybinthal hinweg Löbau mit seinem, mit einem eisernen Turme gekrönten Berge, links davon den Czorneboh bei Bautzen und endlich im Nordosten den Töpfer, Zittau und etwas links die Landeskrone bei Görlitz. — Seit Erbauung des Turmes führt ein breiter Fußweg nach Abholzung der Bäume in gerader Linie von der Restauration nach demselben hin.

Wir verlassen den Hochwald, nachdem wir seine prächtige Aussicht bewundert haben, und steigen nach Hain hinab, welches neuerdings wegen seiner günstigen Lage vielfach als Luftkurort in Aufnahme gekommen ist. Obwohl viele Touristen von hier aus die Nonnenfelsen und Lausche besuchen, so ziehen wir doch vor, jene Partie später in anderer Richtung zu unternehmen. Ehe wir wieder nach Oybin zurückkehren, ist ein Besuch des nahen Johannisberges und der Ludwigshöhe zu empfehlen.

Der Weg zum Johannisberge ist nicht zu verfehlen, da man die auf ihm befindliche Restauration schon in Hain erblickt. Auf einer Felsentreppe von Basalt besteigt man den neben der Restauration befindlichen Johannisstein. Man hat von ihm nach Nordost einen sehr schönen Blick auf das Oybinthal, den Oybin mit seinen Ruinen und die Gegend von Zittau sowie westlich auf die benachbarten böhmischen Ortschaften Schanzendorf und Krombach, die Lausche und den Kleis und im Norden zwischen Pferdeberg und Jonsberg, in der Ferne auf die Landeskrone. Ueber einige Wiesen hinunter gelangt man zur LUDWIGSHÖHE, welche eine überraschend schöne Aussicht auf das Thal und den Oybin gewährt. Früher wenig gekannt, verdankt man diesen prächtigen Aussichtspunkt dem Oybiner Gebirgsvereine, der ihn zugänglich gemacht hat. Man versäume ja nicht, denselben zu besuchen. Durch den schattigen Eschengrund ist man nach einer Viertelstunde wieder in Oybin angelangt.

Ameisenberg, Pferdeberg, Hungerbrunnen

Eine kleinere, sehr lohnende Partie von Zittau aus ist die über den Ameisenberg, Pferdeberg zum Hungerbrunnen. Man fährt mit der Oybinbahn bis Station Wittigschänke (Rückfahrkarte III. Kl. vom Bahnhofe aus 80 Pf.) In der Richtung nach Westen beginnt von hier aus der markierte Aufstieg zum AMEISENBERGE.

Während dieser stark bewaldete Berg früher nur spärlich besucht wurde, hat man es auch hier dem Verein »Globus« zu verdanken, daß vier Aussichtspunkte zugänglich gemacht worden sind. Der erste, auf der Nordseite des Berges, bietet uns einen schönen Blick auf Zittau und Umgegend sowie auf die Berge der Löbauer und Bautzner Gegend. Wir wandern weiter aufwärts, und von einem Felsenvorsprunge erblickt man das malerische Oybinthal. Die beiden anderen Punkte sind wegen ihrer reichen Abwechslung an wildromantischen und anziehenden Landschaftsbildern zu bewundern. Herrlich ist besonders der Blick auf den Oybin; er gleicht an Schönheit dem vom Pferdeberge, welchen Berg wir jetzt besuchen wollen. Wir haben nur wenig zu steigen, da wir uns bereits auf ziemlich gleicher Höhe befinden.

Wir überschreiten zunächst einen Forstweg, »Katzenkerbe« genannt. Ein Wegweiser giebt uns die Richtung an und in kaum 1/4 Stunde ist der Pferdeberg erreicht. Derselbe ist höher als der Oybin. Während der Ameisenberg eine Höhe von 567 Meter hat, beträgt die des Pferdeberges 532 Meter. Er liegt dem Oybin, nur durch den Hausgrund getrennt, gegenüber, auf der Seite nach Jonsdorf zu. Da er früher ganz mit Wald bewachsen war, wurde er nur selten besucht. Erst in neuerer Zeit ist man nach seiner Abholzung auf die prächtige Aussicht nach dem Oybin aufmerksam geworden. An der Felspartie, Fuchshütte genannt, sind Ruhebänke angebracht, welche namentlich oft von denen benutzt werden, die Oybin als klimatischen Kurort aufgesucht haben; denn von ihnen wird das schöne, vom Hausgrunde aus leicht zu besteigende Plätzchen ganz besonders bevorzugt.

Der Blick auf den Oybin, das obere Oybinthal und den Hochwald ist auch überaus lohnend. Wir gehen weiter. Bald erreichen wir auf markiertem Wege die nicht ferne alte Leipaer Strasse, welche jetzt nur als Forstweg benutzt wird. Auf ihr lauerten einst die Raubritter des Oybins auf die Zittauer Tuchwagen und plünderten dieselben. Nach ¼ stündigem Wandern auf der Leipaer Straße langen wir an dem links von ihr befindlichen HUNGERBRUNNEN an. Es ist ein idyllischer, mit Tisch und Ruhebänken versehener Platz, umgeben von hohen Bäumen und gern von Jonsdorfer und Oybiner Kurgästen besucht.

Der HUNGERBRUNNEN erinnert an eine Begebenheit, deren Luther in seinen Tischreden gedenkt. Luther erzählt dort, daß am 13. Juni 1539, in welchem Jahre wegen der Nässe des vorigen Herbstes und Winters eine große Theuerung herrschte, eine arme Zittauer Witwe nebst ihren zwei Kindern in ihrer Not an einen Brunnen nicht weit von Zittau beten gegangen sei, hier einen Wohlthäter (einen Engel Gottes) getroffen habe und von ihm nebst ihren Kindern gespeist worden sei. Rechts an der Straße erinnert ein alter Denkstein, auf dem man ein Brot, ein betendes Kind und eine ganz unleserliche Inschrift sieht, an jene Begebenheit.

Der Hungerbrunnen wird von einer Anzahl nebeneinander befindlichen Quellen gebildet, welche sich bald zu einem Bächlein vereinigen. — Von hier erreichen wir, auf der Leipaer Straße weiter gehend, in etwa ½ Stunde die Station »Wittigschänke« und fahren mit der Oybinbahn wieder nach Zittau zurück.

Jonsdorfer Steinbrüche, Nonnenfelsen, Rabenstein, Lausche

Wir benutzen von Zittau aus die Bahn nach Jonsdorf. Sie zweigt sich beim Bahnhof Bertsdorf von der Oybinbahn ab. Ebenso wie Oybin wird auch Jonsdorf in 1 Stunde Fahrzeit erreicht. Rückfahrkarte III. Kl. vom Bahnhofe aus 90 Pf., Zittau-Vorstadt 60 Pf.

Auch Jonsdorf ist klimatischer Kurort in sehr schöner Gebirgslage. Von Gasthöfen sind in Alt-Jonsdorf zu nennen: Das erst in neuester Zeit erweiterte Gasthaus »zum Bad« mit zwei schönen Sälen und 38 Fremdenzimmern, Dampfheizung, Badezellen und Douche, das »zum weißen Stein«, zum Kretscham und zum »Schweizerthal« und in Neu-Jonsdorf das Gasthaus zum »Nonnenfelsen« und die Dammschänke. Wohnungen für Kurgäste sind außer in genannten Gasthäusern in vielen Privatwohnungen zu erhalten.

Wir besuchen zunächst die nahe am oberen Ende von Alt-Jonsdorf gelegene und in städtischer Verwaltung befindliche Mühlsteinfabrik, deren Mühlsteine größtenteils nach Rußland abgesetzt werden. Nach Besichtigung derselben besteigen wir nach eingeholter Genehmigung der Verwaltung mit einem Führer die berühmten, höchst interessanten, 574 Meter hoch gelegenen MÜHLSTEINBRÜCHE. Sie sind miteinander durch schmale Gänge verbunden. In den ausgebrochenen Quadersteinen findet man oft schöne Abdrücke von Kamm-Muscheln oder anderen Schaltieren.

Der Sandstein tritt hier in der Form von Basaltsäulen auf. Am schönsten findet man diese Bildung an der sogenannten »ORGEL«, welche schon 1851, als Alexander von Humboldt die Felsen besuchte, dessen Bewunderung erregte. Diese Sandsteinsäulen finden sich nach Humboldts Ausspruch auf der Erde vielleicht nur noch an zwei Orten vor. In Zittau werden diese Säulchen zur Einfassung von Blumenanlagen u. dergl. benutzt.

Der Hauptrücken der Mühlsteinberge, welcher eine Höhe von 605 Meter erreicht, zieht sich in der Richtung von Nordost nach Südwest gegen die Landesgrenze hin. Vor dem Plissenberge fällt er zu einer flachen Senke ab. Steil steigen die ersten Felsgipfel, welche den gemeinsamen Namen SCHUSTERBÄNKE führen, über dem Jonsdorfer Thale empor. Die höchste Spitze ist mit einer Fahne versehen. Sie führt den Namen KAROLAFELS. Eine andere, seltsam gestaltete Felsensäule, welche dreifach geteilt erscheint und von der jeder Teil eine tischartige Platte trägt, bezeichnet man mit dem Namen der »DREITISCHE«.

In unmittelbarer Nähe liegt das BÄRLOCH, die älteste, seit 2 Jahrzehnten nicht mehr benutzte Bruchstelle für Mühlsteine. Weiterhin erblicken wir einen vor einigen Jahren aufgegebenen Steinbruch mit den eigentümlichen Felsgestalten der »Drei Brüder«. Auf dem Hauptwalle der Mühlsteinberge sind auch die noch im Betriebe befindlichen Arbeitsstellen, der »weiße Stein« und das »schwarze Loch« und gegen Westen hin der turmartig gestaltete »große Totenstein«. Jenseits der Steinbrüche liegt der jedenfalls interessanteste Teil des Mühlsteinberges, die eigentliche FELSENSTADT, wo auch der schon erwähnte Felsen »die Orgel« sich befindet. Hohe Felsrücken trennen sich vom Hauptzuge.

Wunderlich geformte Türme und Zacken krönen die steilen Felswände. Als höchst interessante Felsbildungen sind die »Brummerfelsen«, die »Kaffeemühle«, der »Albertfelsen« zu erwähnen. Der hohe Felsrücken »Wagendrossel« sowie die großen und kleinen Höhesteine sind unweit des Gondelteiches. Ein kolossaler Felskegel ist der »Schalkstein«. Er steht vollständig frei und nimmt sich von dem Punkte, von dem sich am Waldrande der Weg zu den Nonnenfelsen abzweigt, am schönsten aus. Von hier können wir in ¼ Stunde auf die »Nonnenfelsen« gelangen. — Wer sich eingehender über diese Partien unterrichten will, dem sei das im Verlage von Schirach erschienene Schriftchen: Führer durch die Mühlsteinbrüche und die Felsenstadt mit Plan und Ansicht, das auch hier benutzt worden ist, empfohlen.

Touristen, deren Zeit beschränkt ist, können, nachdem sie die prächtige Aussicht über Jonsdorf nach Zittau und auf die durch das Thal getrennten, gegenüber auf klippiger Felshöhe sich befindenden Nonnenfelsen bewundert haben, den ziemlich steilen Fußweg einschlagen, um wieder ins Thal hinab und zu den ½ Stunden entfernten Nonnenfelsen zu gelangen, welche jetzt zu den beliebtesten Punkten des Zittauer Gebirges gehören. Die Straße, welche wir beim sächsischen Zollamt erreichen, führt uns nach Neu-Jonsdorf. Beim Gasthaus »zum Nonnenfelsen« und einigen am Waldesrande neuerbauten Villen vorüber, gelangen wir auf die nach Waltersdorf führende Straße. Wir wandern auf derselben eine kurze Strecke fort, und bald zeigt uns links ein Wegweiser den Aufstieg zu den Felsen, die an manchen Stellen an die Adersbacher erinnern. Die Restauration, welche erst im Jahre 1891 von der Stadt

Zittau umgebaut wurde, ist gut. Der Gesellschaftsplatz ist von wunderbaren Felsbildungen umgeben: Mönch, Kelch u. s. w.

Den höchsten Punkt, die Nonnenhöhe, erreicht man auf in Stein gehauenen Stufen, welche bei der Restauration aufwärts führen, über eine die Felsen verbindende Holztreppe. Die Aussicht von der Höhe ist überraschend schön. Unser Blick schweift über grüne Waldgründe und reizende Gebirgsansichten und zeigt uns östlich die Stadt Zittau und in der Ferne die Jauernicker und Königshainer Berge, die Landeskrone, das Königsholz, das Isergebirge mit der Tafelfichte, näher den Jonsberg, südlich den Hochwald, den spitzen Kleis, nach Westen hin die Lausche und im Vordergrunde, getrennt durch das Thal, die eben verlassenen Felsgruppen des Mühlsteinberges. Unter uns in der Tiefe erscheint Neu-Jonsdorf gleich einem versteckten Alpenthale, belebt durch einen kleinen Gondelteich. Zu erwähnen ist noch ein prächtiges Echo (á Schuß 50 Pf.) Auf der entgegengesetzten Seite vom Aufstieg steigen wir durch die zerklüftete Felsengasse zum Thale nieder. Wir blicken noch einmal zurück auf die schroffen Felsen, welche uns an die der Bastei im Elbthale erinnern.

Da die Entfernung von den Nonnenfelsen nach der Lausche auf der Waltersdorfer Straße 1½ Stunde beträgt, der Weg über die Rabensteine nur ¼ Stunde weiter ist, so wählen wir die letztere Tour. Wir können nicht irren, da der Weg markiert ist. In etwa ½ Stunde führt uns die Lichtewalder Straße zu den 543 Meter hohen Rabensteinen. Die vielbesuchte Restauration ist dicht an der Grenze, aber schon auf böhmischem Grund und Boden. Der Einblick von hier ins Lichtewalder Thal und auf eine Anzahl Berge, von denen wir den Dürrberg, den Kleis und die Lausche nennen, ist schön. Interessant sind die säulenartigen Felsen, von denen der eine erst später zugänglich gemacht wurde.

Von hier führt der Weg zur Lausche, welche 1¼ Stunde entfernt ist, immer an der Grenze hin. Man kann auch hier nicht irren, da er ebenfalls markiert ist. Am Fuße der Lausche angelangt, haben wir die Wahl unter zwei Wegen. Der auf sächsischer Seite ist kürzer, dagegen aber steiler, der über den böhmischen Ort Jägerdörfel, obwohl länger, ist weniger guten Bergsteigern zu empfehlen.

Die 796 Meter hohe LAUSCHE (auf der Plattform des Aussichtsturmes etwas über 800 Meter) ist die höchste, aus Phonolith bestehende Kuppe des Lausitzer Gebirges. Auch über sie führt die Grenze zwischen Sachsen und Böhmen. Das Restaurationsgebäude, welches eine Anzahl Fremdenzimmer enthält, steht halb auf sächsischem, halb auf böhmischem Gebiet. Die sächsische Hälfte gehört der Stadt Zittau, die böhmische gehört zur Herrschaft Reichstadt. Auf dem Plateau befindet sich eine Stationssäule der mitteleuropäischen Gradmessung.

Von der Holztribüne aus hat man eine großartige RUNDSICHT, wie sie kein anderer Berg Sachsens bietet. Wir wollen uns zunächst nach Norden wenden. Wir überschauen einen großen Teil der Oberlausitz. Es ist ein liebliches Bild. Eine reichbevölkerte Gegend mit den durch ihre Industrie sich auszeichnenden Ortschaften Waltersdorf, Großschönau, Warnsdorf, Seifhennersdorf und Rumburg liegt vor uns. Wir sehen ferner Löbau, den Löbauer Berg, vor diesem den Kottmar, den Oderwitzer Spitzberg, nach rechts die Landeskrone bei Görlitz und den Jauernicker Berg.

Nach Osten erblicken wir den Propsthainer Spitzberg und die Höhenzüge des Iserkammes, des Friedländer- und des Riesengebirges, im Vordergrunde Zittau und den Jonsberg, in Südosten des Hochwald und hinter ihm den Jeschken, südlich Gabel, den Rollberg, den Bösig, südwestlich den Kleis, den Dürrberg, im Hintergrunde den Mileschauer und Bergspitzen des Erzgebirges, ferner den Schwoikaer Gebirgszug mit dem Glawizeck, westlich den Kaltenberg, entfernter den Schneeberg, den Rosenberg, im Vordergrunde den Nesselberg, den Tollenstein, den Tannenberg und die Berge der sächsisch-böhmischen Schweiz, nordwestlich den Valtenberg bei Bischofswerda und weiter rechts des Czorneboh bei Bautzen. — Der Blick nach Böhmen, welcher einen ganz anderen Charakter als der nach Sachsen an sich trägt, ist wunderbar schön; auch sollen allein auf dieser Seite 9 Städte, 22 Schlösser und 50 Dörfer zu erblicken sein.

Wer seinen Rückweg von der Lausche nicht wieder über Jonsdorf nehmen will, wandere über Waltersdorf nach dem 1½ Stunde entfernten Bahnhof Groß-Schönau und benutze den Bahnzug nach Zittau. — Zu bemerken wäre noch, daß gute Fußgänger die unter 2, 3, und 5 aufgeführten Touren als Tagespartie unternehmen können.

Oderwitzer Spitzberg und Kottmar

Unser nächstes Wanderziel sind zwei andere prächtige Aussichtspunkte, und zwar der Oderwitzer Spitzberg und der Kottmar. Man fährt zunächst von Zittau aus bis Station Oberoderwitz, nehme aber eine Rückfahrkarte bis Station Eibau (III. Kl. 1 Mk. 10 Pf.) und unterbreche in Oderwitz die Fahrt. Vom Bahnhofe geht man auf der Fahrstraße eine kurze Strecke fort, links unter der ersten Bahnüberbrückung hindurch und sieht dann den Berg bereits vor sich. Auf einem Feldwege gelangt man bei geringer Steigung in ½ Stunde an das Ziel.

Der 509 Meter hohe Phonolithgipfel des Oderwitzer Spitzberges, auf dem sich eine Stationssäule der mitteleuropäischen Gradmessung und ein Balkon befinden, auf dessen Geländer die Aussichtspunkte durch Striche angedeutet und daher leicht aufzufinden sind, gewährt eine entzückende Rundsicht. Schön ist im Vordergrunde der Blick auf die sich lang hinziehenden Häuserreihen der großen Dörfer Oderwitz, Eibau, Walddorf und Ebersbach. In weiterer Entfernung sehen wir die Höhen bei Bautzen, den Löbauer Berg, den Kottmar, den Rotstein, die Landeskrone, Iserkamm, Riesengebirge, Jeschken, Kalkberg, das Zittauer Gebirge, Lausche, Tollenstein und auch die Spitzen der böhmischen und sächsischen Schweiz. — An Stelle der bisherigen, einfachen Restauration ist gegenwärtig ein schöneres Gebäude getreten, dessen Eröffnung am 24. Mai 1892 erfolgte. — Wir begeben uns zurück nach Station Oberoderwitz, um mit dem nächsten Zuge nach Eibau zu fahren und den Kottmar, den wir bereits vor uns sehen, zu besteigen. Auf angenehmen Wegen durch Wiesen und Wald, in dem Wegweiser die zu wählende Richtung anzeigen, erreichen wir in 1 Stunde den mit einer guten Restauration und seit 1882 durch den Gebirgsverein »Lusatia« mit einem schönen, steinernen Aussichtsturme versehenen, 581 Meter hohen Kottmar. Er ist mit Recht ein Hauptwanderziel der Touristen, denn seine Aussicht ist entzückend.

Wir besteigen den Turm und können uns leicht zurechtfinden, da auch hier wie auf dem Oderwitzer Spitzberge die Aussichtspunkte bezeichnet sind. Wir blicken weithin auf blühende und lachende Thäler hinab, wir schauen hinüber auf blaue Gebirgsketten.

Wir sehen die Landeskrone, im Vordergrunde den Herrnhuter Hutberg und das Königsholz, darüber hinaus aber die bedeutenden Höhen des Riesen- und Isergebirges mit dem Reifträger und der Tafelfichte, vor derselben Schloß Friedland; mehr rechts die Höhen in der Gegend von Thurnau und Reichenberg, den hervorragenden Jeschken, den Kalkberg und dicht über den sichtbaren Türmen der Stadt Zittau das ganze Zittauer Gebirge bis zur Lausche hin, rechts vom ruinengekrönten Tollenstein die Höhen der böhmischen und sächsischen Schweiz und die Berge in der Gegend von Bischofswerda und Bautzen bis zum Löbauer Berge hin mit seinem eisernen Turme. Gewiß eine stattliche Bergreihe.

Bad Oppelsdorf, Gickelsberg

Wer auf die bequemste Weise Bad Oppelsdorf und den durch die Schönheit seiner Aussicht sich auszeichnenden Gickelsberg von Zittau aus besuchen will, fährt mit der Zittau-Reichenauer Sekundärbahn bis zur Haltestelle Wald (Rückfahrkarte III. Kl. 60 Pf.) und wandert dann in ca. 1½ Stunde über Oppelsdorf nach Lichtenberg, welches sich bis zum Fuße des Berges hinzieht. Wir wählen aber einen anderen Weg und steigen bereits bei der Haltestelle Reibersdorf aus, um zunächst das dasige ansehnliche, schöngebaute Schloss mit seinen sehenswerten Parkanlagen, welche ausländische Bäume und Gewächse enthalten, zu besichtigen.

Das Schloss wurde 1765 und in den folgenden Jahren vom Reichsgrafen und sächsischen Kabinettsminister Johann Georg Friedrich von Einsiedel, Besitzer der Standesherrschaft Seidenberg (seit der Teilung Sachsens Standesherrschaft Reibersdorf) gebaut. Gleichzeitig entstand auch der schöne Park, auf welchen man vom Schlosse aus eine prächtige Aussicht hat. Erwähnenswert ist ferner eine vom Erbauer des Schlosses gesammelte Bibliothek, welche hauptsächlich im Fache der Geschichte und Staatswissenschaft ausgezeichnete Werke enthält. Auch auf eine reiche Sammlung schöner Kupferstiche und physikalischer Instrumente richtete der Graf sein Augenmerk.

Wir wandern weiter. Von Reibersdorf aus führt uns eine schöne Ahornallee nach Sommerau, in dessen Nähe wir die sogenannte »Harfe« aufsuchen wollen. Mit diesem Namen bezeichnet man eine in ihrer Art seltene Naturmerkwürdigkeit, welche erst allgemeinere Beachtung fand und in weiteren Kreisen bekannt wurde, nachdem die »Gartenlaube« vor einer Anzahl Jahren einen Artikel mit Abbildung über sie gebracht hatte. Die »Harfe« ist nämlich eine Tanne mit sieben oder richtiger acht Wipfeln. Man kannte sie in der näheren Umgebung unter dem Namen »siebenwipfelige Tanne« oder der ähnlichen Erscheinung wegen unter dem Namen »Harfe«. Diese Tanne steht noch auf auf dem zur Herrschaft Reibersdorf gehörenden Sommerauer Reviere, nahe an der böhmischen Grenze, bei den sogenannten »Buschhäuschen«, einem gräflichen Jagdhäuschen.

Der Mutterstamm hat über der Wurzel 230 cm Umfang. 1 m höher steigt aus jenem der erste, 137 cm starke Stamm gut entwickelt bis zu einer Höhe von 24 m empor. Der zweite Stamm ist bereits verdorrt, während der dritte und vierte sich kraftvoll entwickelt zeigen; der Mutterstamm steigt dann in einem Bogen empor. Bei dem hohen Alter der Tanne – man schätzt dieselbe auf 200 Jahre – ist es zweifelhaft, ob das Absterben des Baumes nicht bald zu befürchten ist.

In dem bereits erwähnten Artikel der »Gartenlaube« spricht sich der Einsender über die Entstehung folgendermaßen aus:
»Bezüglich der Entstehung dieser Abnormität geht die Ansicht bewährter Forstleute dahin, daß der Stamm in seiner Jugend durch irgend einen Zufall – wahrscheinlich durch starke Schneelast – niedergedrückt wurde und der zu dichte Holzbestand in seiner Umgebung ihn hinderte, seine Äste in naturgemäßer Weise auszubreiten, so daß nur die freistehenden Äste fortwachsen konnten, die dann nach und nach zu förmlichen Stämmen sich ausbildeten, was bei der Tanne nicht so selten sein soll. Aber ein Exemplar, welches solche kraftvolle Entwicklung und Schönheit zeigt und dabei ein so hohes Alter erreichte wie unsere ›Harfe‹ gehört unbedingt zu den größten Seltenheiten; erfahrene Forstmänner und Reisende, die schon zahlreiche Reviere durchstreiften, versichern einstimmig, noch nie etwas ähnliches angetroffen zu haben.«

Vom Buschhäuschen aus gehen wir nun die kurze Strecke bis zum Waldrande zurück und steigen nach dem nahen, hochgelegenen böhmischen Dörfchen Kohlige hinauf, von wo aus man einen prächtigen Blick auf das gesamte Zittauer Thalbecken, das Zittauer Gebirge und die Berge bei Weißkirchen in Böhmen hat. Wer den Gickelsberg nicht zu besuchen gedenkt, dem ist von Kohlige aus ein Besuch des nahen, romantisch gelegenen und wohlerhaltenen SCHLOSSES GRAFENSTEIN zu empfehlen. In ¼ Stunde gelangt man nach Besichtigung des Schlosses und des schönen, wohlgepflegten Parkes – gegen Zahlung von 30 Kreuzern wird man von dem Kastellan auch in die Kapelle und auf den eine prächtige Aussicht gewährenden Turm geführt – zur Haltestelle Ketten und über Grottau zurück nach Zittau.

Unser Wanderziel ist aber der GICKELSBERG. Man erblickt denselben bereits von KOHLIGE aus und geht von hier auf Wiesenwegen an der sächsisch-böhmischen Grenze hin und erreicht den Berg nach Verlauf von kaum einer Stunde.

Da wir uns schon auf ziemlicher Höhe befinden, so ist der 509 Meter hohe Berg sehr leicht zu ersteigen. Bald sehen wir vor uns auf der Höhe das bereits auf böhmischem Grund und Boden gebaute Restaurationsgebäude. Die nördliche, aus Granit bestehende Hälfte des Berges ist sächsisch, während die kraterförmige südöstliche, böhmische Kuppe aus Basalt besteht, dessen Säulen aus einem Mittelpunkte nach Süden und Osten sternförmig auseinanderlaufen. In einigen derselben bemerkt man grüne, rote und schwarze Lavaglaskörner. Die RUNDSICHT vom Gickelsberge ist sehr lohnend, denn kein anderer Berg bietet eine solche Totalansicht des Zittauer Gebirges. Großartig ist der Blick auf den nahen Jeschken, Langen- und Kalkberg. Ganz fern im Westen ist bei klarer Aussicht der Mileschauer bei Teplitz zu erkennen. Über das Zittauer

Gebirge ragen die Spitzen des Kleis, des Leipaer Spitzberges, des Geltsch bei Auscha und des Roll herüber. Im Norden erblickt man die Landeskrone, weiterhin die Königshainer Berge, den Rotstein, den Löbauer Berg, den Czorneboh u.s.w. Eine endlose Fläche breitet sich nach den Niederungen der preußischen Oberlausitz aus. Gegen Osten schließt der hohe Wall der Vorberge des Riesengebirges die umfassende Rundsicht. Von Städten erblickt man Zittau und Reichenberg ziemlich nahe, Görlitz mit seinem Viadukt und Seidenberg etwas entfernter.

Die Menge der Ortschaften, welche man von dem Gipfel des Gickelsberges nach Sachsen, Preußen und Böhmen hin übersieht, ist sehr groß, das Ganze gewiß ein herrliches Landschaftsbild.

Wir begeben uns auf den Rückweg und gelangen bald durch Wald, in dem die Wege markiert sind, nach Lichtenberg. Von hier wandern wir weiter auf der Straße nach Bad Oppelsdorf, welches wir in einer guten Stunde bei dem in der Nähe des Kretschams befindlichen Kohlenwerke erreichen. Wollen wir nach der 20 Minuten entfernten Haltestelle Wald nicht zu Fuße gehen, so können wir einen vom Kretscham abgehenden Omnibus benutzen.

Das Bad Oppelsdorf ist von Jahr zu Jahr immer mehr in Aufnahme gekommen. Besonders suchen viele Kranke aus Böhmen hier Genesung. Seine heilkräftigen Schwefeleisenquellen werden besonders bei rheumatischen und gichtischen Leiden angewendet. Beide Badeanstalten, das Karola- und Albertbad, sind zweckentsprechend eingerichtet. — Außer in den Gasthöfen zum Kretscham, Annenhof, Stadt London finden Kurgäste oder solche, welche Oppelsdorf als Luftkurort benutzen wollen, in vielen, zum Teil neuerbauten Privathäusern Aufnahme. An hübschen Spaziergängen in den nahen Waldungen fehlt es nicht, wie auch weitere Ausflüge, z. B. nach Kohlige, Schloß Grafenstein, Gickelsberg, Reichenau, Reibersdorf u. s. w. sehr zu empfehlen sind.

Der Tollenstein, Großschönauer Hutberg, Tannenberg

Der Tollenstein ist von Zittau leicht zu erreichen, da man zunächst mit der Bahn bis Warnsdorf fährt (Rückfahrkarte III. Kl. 90 Pf.) und dann mit der böhmischen Nordbahn (I. Zone 10 Kreuzer) bis Grund Georgenthal. In kaum ¾ Stunde erreicht man den 671 Meter hohen TOLLENSTEIN, eine der malerischsten Burgruinen Böhmens mit schöner Aussicht über die südwestliche Lausitz. Schon von fern gesehen gewährt der pyramidal steil aufsteigende Gipfel einen überraschenden, imposanten Anblick. Der Aufstieg erfolgt in Innozentiendorf, auch Buschdörfel genannt, rechts auf der alten Burgstraße, unweit des Gasthofes »zum Erzengel«.

Die gute Restauration befindet sich in dem ehemaligen Burghofe, mitten in den umfangreichen Trümmern. Eine Anzahl hier aufgefundener Altertümer sind im Gastzimmer in Glaskästen zu sehen. Gegenüber von der Restauration ist das Mauerwerk des Rittersaales mit hohen Bogenfenstern. Von einer in neuerer Zeit zugänglich gemachten, aus Phonolith bestehenden Felskuppe über den Mauerresten der Burg hat man eine sehr schöne Fernsicht.

Auf dem TOLLENSTEIN residierte in ältester Zeit das mächtige böhmische Dynastengeschlecht der Berka von der Duba. Sie sollen bereits im Jahre 1087 die Burg erbaut haben. Im Jahre 1484 gelangten die Herrschaften Tollenstein und Schluckenau an die Herren von Schleinitz. Da dieselben eine große Anzahl angrenzender Lausitzer Ortschaften erwarben und der Besitz zuletzt 13½ Quadratmeilen Flächeninhalt betrug, so benannte man das Ganze mit dem Namen »Schleinitzer Ländchen«. Sie blieben im Besitz des Tollenstein bis 1586. Seit 1642, in welchem Jahre die Schweden die Burg mit glühenden Kugeln beschossen, ist sie Ruine. Mehrmals ist übrigens die Burg früher von den Sechsstädten belagert worden, denn schon im Jahre 1337 wurde sie von den Zittauern zerstört.

Mit einem Besuche des Tollensteins läßt sich, wenn es die Zeit erlaubt, auf der Rückfahrt der des GROSS-SCHÖNAUER HUTBERGES verbinden, da derselbe in nächster Nähe und sehr bequem zu besteigen ist. Vom Bahnhofe Großschönau aus überschreitet man beim Kriegerdenkmal die Zittauer Fahrstraße, geht in derselben Richtung weiter, bei einer Villa vorüber, und gelangt in wenigen Minuten auf schönem Promenadenwege zur Restauration mit großem Gesellschaftsplatz. Der Blick auf Großschönau, Warnsdorf, die hochgelegene Kirche zu Schönborn sowie auf das Zittauer Gebirge und den Kesselkamm ist malerisch. Besonders schön präsentiert sich die Lausche. Man versäume auch nicht den von Waldbäumen umgebenen Platz, auf dem die Büsten Kaiser Wilhelms, Bismarcks und Moltkes aufgestellt sind, zu besuchen.

Da wir aber noch hinreichend Zeit haben und zur Rückfahrt nach Zittau den letzten Zug der böhmischen Nordbahn benutzen können, so ziehen wir vor, von Tollenstein aus den nur ½ Stunde entfernten, 770 Meter hohen TANNENBERG zu besuchen. Wir erblicken den Berg vor uns, und der Weg, den man zum Gipfel einzuschlagen hat, ist gut bezeichnet. Das untere Drittel des Berges besteht aus mächtigen Sandsteinmassen, die oberen zwei Drittel sind dagegen aus Phonolith gebildet. Obschon man bereits früher die prächtige Aussicht, welche der Berg gewährt, kannte, so wurde derselbe doch weniger bestiegen, weil ihm die Rundsicht fehlte.

Schon Kaiser Joseph II. rühmte die Aussicht, als er bei seiner Rundreise durch das nördliche Böhmen am 21. September 1779 hier weilte. Die herrliche Fernsicht kam erst zur vollen Geltung, nachdem es den Bemühungen des Gebirgsvereines in Georgenthal gelungen war, den Bau eines stattlichen, 26 Meter hohen, massiven Aussichtsturmes zu ermöglichen, welcher eine vollständige Rundsicht gewährt. Schon vorher war durch den Besitzer der Herrschaft Kamnitz, den Fürsten Kinsky, ein steinernes Schutzhaus, westlich vom Turme, auf Kosten desselben hergestellt worden. Der Turm befindet sich ungefähr in der Mitte des bewaldeten Gipfels. Am 13. September 1891 fand die Einweihung statt. Alle benachbarten Gebirgsvereine waren dabei zahlreich vertreten. Die herbeigeströmte Menge zählte bald nach Tausenden.

Dr. Hantschel schildert im »Gebirgsfreund« Bd. III, S. 260 die Fernpunkte der AUSSICHT.

Er sagt: »Es sind dies, jenseits der Lausche im Osten beginnend, nach rechts zu: Tafelfichte, Schneekoppe, Lomnitzer Gebirge, Georgsberg, Geltsch, Hasenburg, Mileschauer, Erzgebirge bei Nollendorf, Borsberg bei Pillnitz, Valtenberg, Czorneboh, Landeskrone. Die meisten dieser Fernpunkte zeigen sich in ungemein malerischen Durchblicken, was der Tannenbergaussicht zum besonderen Vorzuge gereicht. Ein Vorzug des Tannenberges ist es auch, daß man, ohne gerade den Turm besteigen zu müssen, von verschiedenen Standpunkten aus das ganze Rundbild in Einzelbildern genießen kann, die sich genau aneinanderschließen. Solche Standpunkte hat man: auf der Westseite beim Aufstiege, wo ein voller Halbkreis vom spitzen Kleis im Süden bis Schönlinde im Norden mit dem Kreibitzthale in der Mitte sich ausspannt; auf der Nordseite gegen das reichbesiedelte Mandauthal hin; nördlich auf der Ostseite vom sogenannten ›Fürstenplatz‹ aus, einem ungemein lauschigen und zur Naturbewunderung wie geschaffenen Plätzchen gegenüber der Tollensteinruine, wo die Abteilung Georgenthal des Gebirgsvereines für das nördlichste Böhmen im Jahre 1888 eine Schutzhütte, als Vorläuferin des damals noch nicht geplanten Aussichtsturmes errichtete; die heute noch besteht. Natürlich lassen alle diese Einzelbilder den Wohlgenuß nur ahnen, den man von des Turmes Plattform in seltener Majestät genießt.«

Besonders malerisch ist im Vordergrunde der Blick nach der Stadt Georgenthal mit der Kapelle auf dem Kalvarienberge und der Ruine Tollenstein. Der Tannenberg dürfte daher nach dem Baue des Turmes die Bezeichnung als »Rigi Nordböhmens«, welchen Namen man ihm oft beilegt, verdienen.

Gedenkt man den Tollenstein auf dem Rückwege vom Tanneberge zu besuchen, so nehme man in Warnsdorf eine Fahrkarte bis Station Tannenberg (3. Zone 30 Kreuzer). Obwohl die Bahnfahrt länger dauert, so ist doch der Berg von hier aus am kürzesten (3/4 Stunden) und bequemsten zu ersteigen. Hinter dem Stationsgebäude benutzt man zunächst den Fahrweg nach Tollenstein, bis zu dem Punkte, wo links der Aufstieg zum Tannenberg markiert ist. Da die Restauration auch im Winter bewirtschaftet und der Berg schneefrei gehalten wird, auch acht Betten für Übernachtende vorhanden sind, so ist an einem heiteren Wintertage eine Rundschau von dem aussichtsreichen Gipfel sehr zu empfehlen. — Wir verlassen den Berg und wandern nach der 1¼ Stunde entfernten Station Grund-Georgenthal über den Kalvarien- oder Kreuzberg. Der Weg dahin ist markiert.

Pfaffenstein, Weißbachthal und Burgruine Karlsfriede

Ferner ist auch eine Fußwanderung durch das romantische Weißbachthal nach der Burgruine Karlsfriede, welche etwa 5 Stunden beansprucht, zu empfehlen. Unser Weg führt uns von Zittau aus zunächst nach der böhmischen Vorstadt bei der Kaserne vorüber durch das freundlich am Waldrand gelegene Dörfchen Eichgraben, welches seiner vorzüglichen Lage wegen ebenso wie Oybin und Jonsdorf als Luftkurort benutzt wird. Auf der Gablerstraße fortschreitend gelangen wir hinter dem Waldschlößchen zur Pfaffenbach. Von hier folgen wir links einem Wege, welcher uns in den Wald hinein führt. In der Richtung des Fußweges leiten unterirdisch eiserne Röhren das herrliche Gebirgswasser der Weißbach nach Zittau. Bald sind wir im Weißbachthale angelangt und kreuzen die Verbindungsstraße von Neuharthau und mehrere Waldwege. Erst unweit des Sammelbassins trifft man auf die neue Forststraße. Wir verfolgen dieselbe nach rechts hin. Bald erblickt man vor sich eine der schönsten Felsbildungen des Lausitzer Gebirges, den »Mönch«.

Im Weißbachthale ist nicht bloß die Grenze zwischen Sachsen und Böhmen, sondern zugleich zwischen dem Quadersandstein und dem gneisartigen Granit. Auf schattigem Waldpfade führt der Weg anfangs an der Weißbach hin. Links erblicken wir dann die bedeutenden Steinbrüche am Lindenberge und rechts später die grotesken Formen verschiedener Felspartien, von denen sich besonders die hochgelegenen »Uhusteine« auszeichnen. Vom Kuhberge aus, in dessen Nähe sich die Felsen des »böhmischen Thores« befinden, so genannt, weil von hier aus am Anfange des Mittelalters die Straße nach Böhmen führte, wenden wir uns rechts und wandern nach Westen zu weiter. Noch ehe wir das Lückendorfer Forsthaus erreichen, biegen wir ab, da uns ein Wegweiser die Richtung nach der »Fuchskanzel« angiebt. Bald langen wir bei einer Steinbank an. Wir haben von hier aus einen großartigen Blick auf den weithin sich erstreckenden Waldreichtum Böhmens, den nahen Lindenberg, Pfaffenstein und Kalkberg, über welche Höhen der Jeschken emporragt.

Die FUCHSKANZEL ist eine Felsplatte auf dem höchsten Punkte des Straßberges, auf der sich eine Stationssäule der mitteleuropäischen Gradmessung befindet. Eine Holztreppe verbindet die Felsen. Sehr lohnend ist die Aussicht, welche sich hier bietet, vor uns die Stadt Zittau, mehr rechts die Landeskrone, links die Berge des Zittauer Gebirges, der Kottmar, Löbauer Berg u. s. w., im Vordergrunde die Felsen des Weißbachthales und – von Walddickicht fast verdeckt – die Ruine Karlsfriede.

Wir suchen nun, denselben Weg zurückgehend, das nahe Lückendorfer Forsthaus auf, mit dem eine Restauration verbunden ist. Von hier gehen wir auf der

KARLSFRIEDE wurde auf Befehl des Kaisers Karl IV. im Jahre 1357 erbaut, um die Straße gegen Räubereien zu sichern. Da für den gewährten Schutz ein Zoll erhoben wurde, war die Straße durch eine mit einem Thore versehene Mauer abgeschlossen. In nordwestlicher Richtung war außerdem ein Wall nebst Graben vorhanden, deren Spuren noch teilweise sichtbar sind, welche das Umfahren der Zollstätte verhinderten. Am 25. Januar 1424 kam es hier zu einem verhängnisvollen Kampfe mit den Hussiten unter Pezko von Podjebrad, der mit 8000 Mann Fußvolk und 700 Reitern vor dem mit Zittauer Mannschaft besetzten Karlsfriede erschien. Die Zittauer mußten der Übermacht der Feinde erliegen. Viele wurden getötet und 56 Mann gefangen genommen. Später schickte der Hussitenanführer 15 oder 16 mit abgehauenem Daumen und abgeschnittenen Nasen nach Zittau zurück, während er die Übrigen verbrennen ließ. Die Burg wurde zerstört und die ganze Umgegend durch Brand und Plünderung verheert. Als später von der wieder aufgebauten Burg aus arge Räubereien verübt wurden, kauften die Zittauer im Verein mit Görlitz dieselbe im Jahre 1442 und ließen sie abbrechen.

nach Zittau führenden Straße weiter, in deren unmittelbaren Nähe Reste von Schanzen zu sehen sind, welche Napoleon 1813 hier anlegen ließ. Nach etwa ¼ Stunde gelangen wir zu einer dicht mit Waldbäumen bestandenen Höhe rechts von der Straße. Ohne von KARLSFRIEDE anfänglich etwas zu erblicken, steigen wir auf steilem Pfade zu den nur noch unbedeutenden Ruinen der Burg hinauf. — Wir erblicken einen viereckigen Wartturm, Keller- und Mauerreste. Noch vor zwei Jahrhunderten gewährte Karlsfriede einen ganz anderen Anblick: das Mauerwerk erhob sich dreistöckig mit hohen Bogenfenstern und Turmresten. Leider erlaubte damals der Stadtrat von Zittau den Bewohnern von Lückendorf, das Mauerwerk beim Kirchbau zu verwenden.

Der Blick von der Ruine gegen Osten ist wildromantisch, denn man sieht auf wunderbar gestaltete Sandsteingruppen, von denen besonders die schon früher erwähnten »Uhusteine« und die turmähnlichen Felsen, welchen man den Namen »nackte Männer« beigelegt hat, zu nennen sind.

Auf dem Rückmarsche nach Zittau gelangen wir am Mühlsteinberge vorüber bald zur König-Johann-Quelle, wo wir auch Gelegenheit haben, uns durch einen Trunk zu stärken, da das mitten im Walde an der Gablerstraße gelegene Aufseherhaus mit Restauration verbunden ist. In das Brunnenhaus am Waldrande fließen die am Mühlsteinberge entspringenden Quellen der Goldbach. Seit dem Jahre 1863 hat man in eisernen Röhren deren vortreffliches Wasser nach Zittau geleitet. Zwei eiserne Gedenktafeln erinnern an den Stifter, Senator Just, welcher 90000 Thaler legierte, und an den Besuch des Königs Johann am 26. Juni 1863, dessen Namen die Leitung trägt.

Touristen seien hier noch auf eine Partie aufmerksam gemacht, welche mit dem Besuche des Weißbachthales leicht zu verbinden ist, nämlich die Besteigung des 570 Meter hohen Pfaffenstein. Dieser von dem hochgelegenen Dorfe Spittelgrund aus ohne Anstrengung zu erreichende, mit Felsen gekrönte Bergrücken ist bisher viel zu wenig beachtet worden, trotzdem die Aussicht, welche er bietet, überaus lohnend ist. Man könnte ihn das Stiefkind der Touristen nennen. Nicht eins der vorhandenen Reisebücher oder der vielen Schriften über das Lausitzer Gebirge haben auf ihn aufmerksam gemacht. Wir wollen daher versuchen, ihm zu seinem Rechte zu verhelfen und deshalb die Aussicht ausführlicher beschreiben.

Wir benutzen bis Grottau die Bahn. Der Weg vom Bahnhofe bis Spittelgrund ist leicht zu finden. Derselbe führt bei dem neuerbauten stattlichen Schulgebäude vorüber durch das Städtchen bis zur Neißbrücke. Von hier aus geht man auf einen Steinbruch zu, überschreitet ein Bächlein und wählt den kürzeren Fußweg, welcher sich später mit dem Fahrwege vereinigt. Bald ist Spittelgrund erreicht. Man sieht hier bereits die Felskuppen des Berges vor sich und wendet sich links einem Feldwege zu. Schon jetzt hat man einen prächtigen Blick auf das romantisch gelegene Schloß Grafenstein und das ganze Zittauische Thalbecken, während nach links der Blick auf den Langen- und Kalkberg noch großartiger ist. In acht Minuten ist der Waldrand erreicht. Wir überschreiten bald eine kleine Waldwiese und wählen von zwei Wegen den links. Beim Schneisenstein E 47–E 52 gehen wir auf schmalem Wege durch Haidekraut links hinauf und sind in etwa zehn Minuten auf dem Pfaffenstein angelangt. Die FERNSICHT, welche sich uns bietet, ist herrlich, besonders nach Norden und Nordosten.

Im »Gebirgsfreund«, Jahrgang 1891, S. 244 ist dieselbe folgendermaßen geschildert: »In nächster Nähe erblicken wir Spittelgrund, malerisch über die Abhänge des Berges verstreut, während weiterhin das betriebsame Grottau und darüber hinweg Ullersdorf erscheint. Am rechten Abhange der benachbarten Spitzbergkuppe vorübergleitend erreicht der Blick das vieltürmige Zittau mit seinen dampfenden Fabrikessen; dahinter das Königsholz. Zwischen Ullersdorf und Grottau zeigt sich in ziemlicher Ferne Hirschfelde und die dunkle Eingangspforte ins untere Neißthal.

Rechts von Grottau liegt Ketten, darüber hinweg die alte Bergfeste Grafenstein und Wetzwalde, hinter welch' letzterem der Gickelsberg mit seinem hellen Häuschen herüberschaut, überragt vom Rücken des

Hohwaldes. Über den linken Hang des Gickelsberges hinweg erblickt man Reichenau mit hellschimmernder Kirche. — Rechts vom Gickelsberge zieht Wittig herab, vor welchem Weißkirchen und an dieses rechts anschließend, Kratzau im Neißthale sich ausbreiten. Hinter diesen Ortschaften bauen sich die Kämme des Isergebirges auf. Von ihnen treten besonders die Hämmeringberge, die Vogelkuppen, das Taubenhaus, der Schwarzeberg und der gewaltige Rücken der Tafelfichte hervor. Hellleuchtend zeigen sich an den dunklen Waldkämmen über Kratzau hinaus die Häuser von Voigtsbach.

Im Osten dominieren der gewaltige Lange- und Kalkberg mit ihren Vorbergen. Unter diesen ist besonders der Berg, auf dem sich die Ruine Rohnungen befindet, an der hinaufziehenden Schneise deutlich erkennbar. Reizend ist der Anblick der gewaltigen Abhänge dieser Berge im Spätherbste, wo sich das bunte Laub der zahlreichen Buchen in das düstere Grün der Fichten und Tannen mischt. Als ein würdiges Gegenstück zur Schneekoppe schaut rechts vom Kalkberge in stolzer Majestät der Jeschken herein, an welchen sich der Lubokaier Kamm anschließt. Vor dem Langeberge liegt Niederberzdorf, während vom Kalkberge her auf uns zu ein bewaldeter Hochrücken zieht, welcher am Kaisergrunde, ganz zu unseren Füßen, endet. Jenseits des Kaisergrundes entragen diesem Bergrücken, ganz nahe von uns, die abenteuerlichen Felszinnen des Rabenschlosses. Dahinter wölbt sich dann der Passerkamm empor. Man sieht einige zu Paß gehörige Häuser und darüber die Felskuppen der Trögelsteine. Nach rechts hin erblickt man Pankratz mit schöner Kirche. Es liegt, umgeben von den Kuppen des Kirchberges und der

Sandberge und im Hintergrunde überragt vom flachen Rücken des kleinen Kalkberges, in malerischer Bergeinsamkeit.

Gegen Süden und Westen hin eröffnet sich uns ein überraschender Ausblick auf eine eigenartig schöne Fels-, Wald- und Berglandschaft, ein Felsentheater, eingerahmt von nahen Waldhöhen. Über diese Thalgründe und Höhen schweift der Blick aber auch in die Ferne. Ganz im Hintergrunde erblickt man den gewaltigen Roll, den Tolzberg und Urtelsberg.

Gegen Westen überschauen wir die Verzweigung des hinteren Weißbachthales. In der Thalgabelung liegt der Kuhberg mit seinen weißgrauen Felsenmassen, etwas seitwärts dahinter der höhere Rücken des Straßberges mit dem Mönchsfelsen. An den Straßberg rechts reiht sich die Felswand der Uhusteine und die Felspyramide ›Nackte Männer‹ und weiterhin der Höhenrücken mit den Ruinen der Burg Karlsfriede. Hinter dem Straßberge steigt der Hochwald mit seinem Thurme zu imposanter Höhe empor, und links davon sieht man den spitzen, schöngeformten Falkenberg. Links von diesem wird der breite Rücken des Limberges und rechts vom Falkenberge der Grünberg sichtbar. Zwischen Hochwald und Falkenberg schaut aus weiter ferne wie ein riesiger Zuckerhut der Kleis herüber. An den Hochwald schließen sich nach rechtshin an die Brandhöhe und der Verbindungszug zum Töpfer und dieser selbst.

Über der tiefsten Stelle dieses Rückens ragt der Scharfenstein auf, das Matterhorn en miniature des Oybinthales. Dahinter wölbt der Jonsberg seinen breiten Rücken und links von diesem erblicken wir Lausche und Finkenkoppe. Vor dem Töpfer lagert der Haideberg und der ziemlich spitze Mühlsteinberg, und in nächster Nähe verdeckt der Lindenberg den Blick ins untere Weißbachthal. Rechts vom Töpfer tritt der Breiteberg und der Oderwitzer Spitzberg hervor, dahinter aber wird der Kottmar sichtbar.«

Gewiß ein herrliches Landschaftsbild, welches sich vor unsern Augen entrollt! Wir glauben daher auf Entschuldigung rechnen zu können, wenn dasselbe hier so eingehend geschildert wurde. — Wir wandern weiter dem Lindenberge zu, der mit dem Pfaffenstein durch einen muldenförmigen Rücken verbunden ist. Von hier steigen wir auf etwas beschwerlichem Wege nach dem Steinbruche am Lindenberge hinab und gelangen ins Weißbachthal, von wo aus wir die weitere Partie schon geschildert haben.

Freudenhöhe, Rohnungen, Kalkberg, Christophs- und Engelsberger Grund

Ein Ausflug zunächst nach Freudenhöhe läßt sich bequem als sehr lohnende Nachmittagspartie unternehmen. Freudenhöhe ist ein gräflich Clam-Gallas'sches, schön am Fuße des Kalkberges gelegenes Forsthaus mit Restauration an der von Weißkirchen nach Gabel führenden Straße. — Wir benutzen die Zittau-Reichenberger Bahn bis Weißkirchen (Rückfahrkarte III. Kl. 80 Pf.) Nach stattgefundener Zollrevision wählen wir im Bahnwagen einen Eckplatz rechts vorwärts. Nach der Fahrt über den 38 Bogen zählenden Viadukt zwischen Zittau und Poritsch haben wir einen schönen Blick über das Zittauer Gebirge und von Grottau aus auf den Pfaffenstein mit seinen ruinenartigen Felsen, links dagegen auf das romantisch gelegene Grafenstein; von Station Ketten an ist der Blick auf den Kalk- und Langeberg überraschend großartig.

Wir sind in WEISSKIRCHEN angelangt. In unmittelbarer Nähe der Station ist die von Weißkirchen nach Gabel führende Straße. Wir wandern auf ihr nach dem eine Stunde entfernten Forsthaus Freudenhöhe. Nach ungefähr ½ Stunde macht die Straße eine bedeutende Biegung nach rechts. Ein Wegweiser zeigt uns den kürzeren Weg durch den Wald. Wir benutzen den Fußweg. Unmittelbar vor unserem Wanderziel mündet derselbe wieder in die Fahrstraße ein. Noch vor der Försterwohnung ist ein zweites gutes Gasthaus. Namentlich Sonntags oder an Festtagen werden beide zahlreich von Reichenberg und Zittau aus besucht. Ein anmutiger Weg führt uns vom Forsthause durch Buchenwaldung in 5 Minuten nach »der Aussicht«. Der freie Platz daselbst bietet dem Beschauer in der Richtung nach Norden einen schönen Blick auf die vor ihm liegende Thalniederung, in welcher sich Zittau, Grottau, Schloß Grafenstein und eine große Anzahl von Ortschaften ausbreiten. Gegen Osten erhebt sich das Iser- und Riesengebirge.

In geringer Entfernung von Freudenhöhe befinden sich südlich auf steiler Höhe die Ruinen der BURG ROHNUNGEN. Da die Höhe jetzt dicht umwaldet und die Trümmer der Burg daher nicht leicht aufzufinden sind, so bedürfen wir eines Führers. Außer einer 2 Meter dicken Mauer, welche noch ziemlich hoch und malerisch mit großen Bäumen umwachsen ist, und den

Erbaut im Jahre 1347 vom Burggrafen Hans von Dohna auf Grafenstein wird die Burg in der Zeit des Hussitenkrieges oft genannt. Von den Sechsstädten der Oberlausitz wurde sie 1427 besetzt. Da von ROHNUNGEN aus später die Umgegend durch Raubzüge vielfach geschädigt wurde, zerstörten sie die Zittauer im Verein mit dem Burggrafen Nikolaus von Dohna.

Spuren von einem von drei Seiten um die Burg gezogenen tiefen Wallgraben sind nur noch wenig Mauerreste vorhanden. Haben wir von Zittau aus einen früher abgehenden Bahnzug benutzt, so können wir die Tour nach dem Kalkberge und Christophsgrund fortsetzen. Unser Führer zeigt uns dann den Weg von der Ruine Rohnungen nach dem 789 Meter hohen KALKBERGE.

Wir betreten unterhalb der Ruine die prächtig von Wald umrahmte und von einem klaren Gebirgsbache durchflossene Hirschwiese und langen in etwa 1 Stunde auf dem ziemlich steil ansteigenden Kalkberge an. Noch vor ca. 25 Jahren wurde derselbe von Touristen fast nie bestiegen, denn da sein breiter Rücken bewaldet war, gewährte er keine Rundsicht. Erst seitdem das umfangreiche Plateau abgeholzt wurde, gewährte er die prachtvolle AUSSICHT, die ihn zu einem Rivalen der Lausche und des Hochwaldes macht.

Nach Südosten zu erblickt man den mächtig aufragenden Jeschken, östlich das Iser- und Riesengebirge, südlich links vom großen Rollberg die Burgruine Dewin mit dem Hammersee (Glanzpunkt der Aussicht), südwestlich den doppelgipfeligen Bösig mit Kloster- und Burgruine, westlich Gabel und den Schwoikaer Gebirgszug mit dem Slawizeck; rechts davon den spitzen Kleis und die Höhen der böhmischen Schweiz und nach Norden die Berge des Oberlausitzer Gebirges sowie weithin die fruchtbaren Niederungen der Neiße mit ihren zahlreichen Ortschaften. Besonders ziehen in dieser Richtung das nahe Grottau, das unweit davon sich erhebende Schloß Grafenstein und die links von beiden liegende Stadt Zittau unsere Aufmerksamkeit auf sich. Sehr wünschenswert wäre hier der Bau eines Aussichtsthurmes, da der Baumwuchs bereits wieder ziemlich vorgeschritten ist. — Wir verlassen den Kalkberg in der Richtung nach der Eduardsbuche. Dies ist ein schöner, mächtiger, mit einem Heiligenbilde versehener Baum am höchsten Punkte der Einsattelung zwischen dem Kalk- und Langeberge.

Hier entlassen wir den Führer, da der Weg nach Christophsgrund von hier aus nicht schwer zu finden ist. Wir wählen nicht die Fahrstraße, welche in das Thal hinabführt, sondern den Fußweg, welcher in gleicher Höhe mit der Eduardsbuche am Hange des Langeberges hinführt. Über ½ Stunde wandern wir in einer prächtigen Buchenwaldung, die jedenfalls den berühmten Buchen in Tharands »heiligen Hallen« noch vorzuziehen sein dürfte. Eine herrliche Waldpartie! Endlich gelangen wir auf eine Waldwiese und haben ein überraschend schönes Landschaftsbild vor uns. Über dem Thale, in welchem sich Christophsgrund hinzieht, erhebt sich vor uns der gewaltige Jeschken und rechts, zum Theil hinter uns, ein Ausläufer des Kalkberges. Überall herrliche Buchenwaldung. Ziemlich steil geht es nun hinunter nach Christophsgrund. Im nahen Gasthofe zur »Clamschen Schweiz« stärken wir uns nach dem dreistündigen Marsche.

Von Christophsgrund können wir auch über Neuland den 2 Stunden entfernten Jeschken besuchen. Da jedoch der Aufstieg auf den Kamm sehr steil, daher anstrengend und ein Verirren ungeachtet der Wegebezeichnungen ohne Führer nicht ausgeschlossen ist, raten wir weniger rüstigen Fußgängern an, den Jeschken mit uns auf einem anderen, nicht so anstrengenden Wege zu besuchen. — Auf unserem Weitermarsche durch das lieblich gelegene Dorf, welches ein vielbesuchter Ausflugsort der Bewohner Reichenbergs und überhaupt der Umgegend ist, haben wir nach beiden Thalseiten hin Gelegenheit, das schöne saftige Grün der Wiesen und die in prächtiger Buchenwaldung prangenden Höhen zu bewundern. Noch größer ist der Genuß für das Auge, wenn die zahlreichen Obstbäume im schönsten Blütenschmuck erscheinen. Gewöhnlich ist in der Zittauer Niederung die Zeit der Baumblüte schon 14 Tage vorüber, während man hier und in den benachbarten Gebirgsdörfern die blühenden Bäume noch in voller Pracht erblickt.

ENGELSBERG sowie das benachbarte, reizend gelegene FRAUENBERG im Hüttengrunde verdanken ihre Entstehung den Bleibergwerken, welche früher hier lebhaft betrieben wurden. Nach Carpzovs Analecta IV, S. 166, erhielt die Stadt Zittau bereits im Jahre 1425 vom Kaiser Sigismund das Privilegium einer Bleiniederlage. Die Stadt stempelte das vom Bergbau am Frauenberge herrührende Blei; ungestempeltes wurde von derselben mit Beschlag belegt. Auch schenkte der Kaiser der Stadt den ihm als König von Böhmen zukommenden Ueberschuß von dem Bergwerk Frauenberg. Noch heute sieht man zwischen Engelsberg und Frauenberg am sogenannten Silberstege Stollen und in der Nähe des letztgenannten Dörfchens mehrere verfallene, ziemlich tiefe Schächte. Noch um 1600 wurde hier Bergbau betrieben, und die von deutschen Bergleuten gegründeten Orte waren frei von Frohndiensten.

Von dem an Christophsgrund anstoßenden Eckersbach, einer Mühle gegenüber, führt eine Fahrstraße nach ENGELSBERG. Mehrmals haben wir schöne Einblicke in das tief unten liegende Thal der Neiße und die Zittau-Reichenberger Eisenbahn. Nach einem Marsche von 1¼ Stunde sind wir auf dem Bahnhofe in Kratzau angelangt und fahren zurück nach Zittau.

Burgruine Hammerstein, Jeschken

Bei diesem Ausfluge, welcher ½ Tag erfordert, fahren wir zunächst bis Station Machendorf (Rückfahrkarte III. Kl. 1 M. 20 Pf.) Wir wählen den kürzesten Weg nach dem Jeschken (2 Stunden), der auch für einen ungeübten Fußgänger nicht zu anstrengend ist. Kurz vor dem erwähnten Haltepunkte erblicken wir nach der Fahrt über den 15 Bogen zählenden Neißeviadukt die RUINE HAMMERSTEIN.

Wir besteigen die Höhe, welche von drei Seiten von der Neiße umschlossen ist, auf der sich die Reste der Burg befinden. Sie bestehen aus einer dicken Umfassungsmauer und aus zwei Thürmen. Bei dem östlichen ist noch eine in den Fels gehauene Treppe zur Hälfte vorhanden. Wir haben von Hammerstein einen hübschen Blick in das Engelsberger Thal und die durch dasselbe führende Zittau-Reichenberger Bahn.

Die BURG wurde 1370 von dem Besitzer der Herrschaft Friedland, Friedrich von Biberstein, erbaut, im Jahre 1421 von den Hussiten zerstört, später wieder hergestellt und 1433 abermals zerstört. Als Lehnsmann der Bibersteine war sie im Besitze von Nikolaus Dachs, welcher aber selbst Räuberei trieb. Die Sechsstädte eroberten sie deshalb im Jahre 1445. Da aber auch später noch von hier aus Raubanfälle verübt wurden, so machte 1512 Nikolaus, Burggraf von Dohna auf Grafenstein, diesem Unwesen durch abermalige Zerstörung der Burg ein Ende.

Auf dem Wege des Aufstiegs verlassen wir die Ruinen und wenden uns dem Meierhofe Machendorf zu, um unsere Jeschkentour anzutreten. Vom Meierhofe gehen wir zunächst auf dem Fahrwege, der zu den

In der Nähe des MEIERHOFES fand am Morgen des 16. November 1428 ein erbitterter Kampf zwischen den Hussiten und den vom Oberlausitzer Landvogt angeführten Truppen der Sechsstädte statt. Der Hauptmann der Zittauer, Wanko von Mochau, und Luther von Gersdorf, welche den Angriff eröffneten, verloren ihr Leben. Glücklicher verlief ein zweiter Angriff. Die Hussiten wurden in die Flucht geschlagen. Sie verloren 600 Todte und 400 Gefangene und den größten Teil ihrer mit reicher Beute beladenen Wagen. Bei Machendorf fanden Einzelne, welche man in die Neiße gesprengt hatte, ihren Tod in den Fluten. Andere, die man in die Scheunen getrieben hatte, wurden mit denselben verbrannt. Der Rest flüchtete nach Reichenberg. Groß war überall die Freude über diesen Sieg, da ein solcher seit Jahren über die Hussiten nicht mehr errungen worden war.

Feldern führt, eine Strecke fort, biegen dann rechts ab, und schmale Fußwege führen uns an Wiesen hin zum Dörfchen KARLSWALD, welches wir durchwandern. Eine Strecke später, nachdem uns der Weg über einige Wiesen geführt hat, erblicken wir niedriges Gehölz, welches von drei hohen Nadelbäumen überragt wird. Wir nehmen diese Bäume als Richtungspunkt, gehen auf dem schmalen Fußpfade weiter und erblicken bald am Waldrande ein einzeln stehendes Haus, welches zu Berzdorf gehört.

Unmittelbar hinter demselben nimmt uns der Wald auf. Wir gehen in derselben Richtung fort und lassen uns durch keinen der rechts abbiegenden Fußwege verleiten, einen derselben zu beschreiten.

Der Wald nimmt ein Ende, und wir gelangen gerade an dem Punkte der Fahrstraße, welche von Reichenberg über den Iserkamm nach Kriesdorf hinunterführt, heraus, von wo aus der neue Weg zum Jeschken in Zickzacklinien in ½ Stunde zum Gipfel des 1013 Meter hohen Berges führt. Seit Anlegung dieses Weges ersteigt sich die Pyramide des Jeschken, deren Spitze sich ca. 300 Meter über der Höhe des Kammes erhebt, sehr leicht. Der alte Weg erfordert Anstrengung und ist nur etwa 10 Minuten näher.

Über den Gipfel des Berges, welcher aus einem mächtigen Quarzschieferlager besteht, zieht sich die Grenze zwischen den fürstlich Rohanschen und gräflich Clam-Gallas'schen Besitzungen. Das einfache, mit einer Glasveranda versehene, aus Holz ausgeführte Gasthaus befindet sich auf der Südseite auf Rohanschem Grund und Boden. Es wurde im Jahre 1885 von dem deutschen Gebirgsvereine gebaut und ist telephonisch mit Reichenberg verbunden. Oberhalb desselben erinnert ein Holzgerüst an die mitteleuropäische Gradmessung. Gegenwärtig hat der Hauptausschuß des deutschen Gebirgsvereins für das Jeschken-Isergebirge bereits Schritte gethan, um auf dem Jeschken eine neue großartige Restauration im Stile eines alten Bergschlosses zu erbauen. Auf der Nordseite nach Reichenberg zu erhebt sich ein hohes, hölzernes Kreuz und hinter demselben der 1890 durch den Gebirgsverein errichtete, 8 Meter hohe, hölzerne Aussichtsturm mit Orientierungstafel. Beide, Kreuz und Thurm, sind weithin sichtbar.

Was nun die herrliche Rundsicht des Jeschken betrifft, so legen wir bei Schilderung derselben einen Artikel des Prof. Hübler im »Gebirgsfreund« 1890, S. 18 zu Grunde. Prof. Hübler spricht sich dort über dieselbe folgendermaßen aus: »Das Auge schweift nach allen Himmelsrichtungen ungehindert, nur im Osten ist der Ausblick durch die höheren Gipfel des Iser- und Riesengebirges enger begrenzt.

Wir überblicken einen großen Teil des nordwestlichen, nördlichen und nordöstlichen Böhmens sowie bedeutende Theile des benachbarten sächsischen und preußischen Gebietes. Während der Wintermonate kann man bei klarer Luft selbst den höchsten Punkt des Erzgebirges, den Keilberg, in der bedeutenden Entfernung von 149 km wahrnehmen!

Wenden wir uns nun zu den wichtigsten Teilen der Rundschau, so fesselt unsern Blick gegen Osten zunächst die reichbevölkerte Gegend von Reichenberg, das herrliche Neißethal mit seinen vielen industriereichen Ortschaften. Über Reichenberg hinaus baut sich das Isergebirge auf mit seinen dunklen Wäldern, aus welchen die bedeutendsten Spitzen: die Tafelfichte, die Vogelkuppen, das Taubenhaus, der Schwarzeberg, der Sichhübel emporragen. Mehr im Vordergrunde erblickt man auf dem langgestreckten Friedrichswalder Kamme abermals Zeugen der Tätigkeit des deutschen Gebirgsvereins: Die Aussichtstürme auf der Königshöhe und dem Seibthübel. Gegen Osten schließt sich an das Isergebirge das Riesengebirge an mit seinen mächtigen breiten Rücken und sanft gewölbten Kuppen, von denen der Reifträger, das hohe Rad, die Schneekoppe und der Brunnenberg sichtbar sind. Bei klarem Wetter wird das Koppenhaus und die Kapelle sehr deutlich wahrgenommen.

Den schönsten Anblick gewährt das Riesengebirge im Frühjahre, wenn es noch in weißer Schneehülle erglänzt, während die Gebirgslandschaft im Vordergrunde bereits freundliches Grün schmückt.

Gegen Südost jedoch, am äußersten Horizonte, sieht man ferner bei klarer Luft die Heuscheuer, die hohe Mense und die Deschnaer Kuppe in der Grafschaft Glatz, mehr im Vordergrunde den eigenthümlichen, zweizinkigen Trosky und den breiten Rücken des Kozakow. — Wenden wir uns gegen Südwest und

West, so kommen wir zu einem der schönsten Teile der Rundschau vom Jeschken, den Blick über einen großen Teil des böhmischen Mittelgebirges, über hunderte von vulkanischen Kuppen und kegelförmigen Spitzen, dazwischen zahlreiche Dörfer und Städte und reichbebaute Fluren eingebettet. So fallen uns zunächst wegen ihrer spitzen Form die beiden Bösige in die Augen; neben dem Spiegel des Hammerteiches erhebt sich der Dewin mit der vom Buchenwalde verdeckten Ruine, dahinter der spitze Basaltkegel des Roll, gekrönt mit der Ruine Ralsko, weiter der Alt-Perstein, in der Ferne der Georgsberg bei Raudnitz, der Koselberg bei Leipa und der Geltsch, noch ferner der Mileschauer, und hinter diesem sehen wir bei sehr klarer Luft den langgestreckten Zug des Erzgebirges und nehmen durch das Fernrohr das Mückentürmchen bei Graupen und den Keilberg wahr.

Gegen Nordwesten erblicken wir die Höhenzüge des Lausitzer Gebirges und der böhmisch-sächsischen Schweiz sowie am äußersten Horizonte den mächtigen Schneeberg, den Rosenberg und den großen Winterberg, mehr im Vordergrunde den steilen Kegel des Kleis, den breiten Rücken des Hochwaldes, die Lausche, beide mit Aussichtstürmen geschmückt.

Gegen Norden endlich wird die herrliche Rundschau abgeschlossen zunächst im Vordergrunde durch das reizende, tiefeingeschnittene Thal des Christophsgrundes, die Clamsche Schweiz genannt, welche die Gipfel und Rücken des Kalkberges und Langeberges überragen. Zwischen diesen beiden Bergen, teilweise verdeckt, sieht man Zittau sowie den Viadukt, weiter nach rechts Kratzau und am Horizonte die Landeskrone bei Görlitz und den Czorneboh bei Bautzen.«

Nur schwer können wir uns von dem großartigen Aussichtspunkte trennen, dessen Besuch sich von Jahr zu Jahr steigert und der im letztvergangenem Jahre von ca. 20000 Personen besucht worden sein soll. Wenn wir nicht wieder den Weg nach Machendorf wählen wollen, so können wir auch nach dem 2½ Stunden entfernten Reichenberg wandern und von dort nach Zittau zurückkehren.

Schloß Friedland

Wenn dieser sehr lohnende Ausflug nicht zu Wagen von Zittau aus unternommen wird, benutzt man die Bahn bis Reichenau (Rückfahrkarte III. Kl. 80 Pf.) und legt dann die zweistündige Strecke bis Friedland zu Fuß zurück. Da die Stadt an der Görlitz-Reichenberger Bahn liegt, kann man auch über Reichenberg mit Bahngelegenheit hingelangen.

Wir ziehen von Reichenau aus die Fußwanderung vor. Der Weg zu dem von Basalt gebildeten, 375 Meter hohen Schloßberge, welch' letzterer sich 56 Meter über den Spiegel der an seinem Fuße vorüberfließenden Wittig erhebt, führt durch das 5000 Bewohner zählende Städtchen hindurch. Die Schloßgasse hinauf links an dem stattlichen Amtshause und der Schloßschänke vorüber, erreichen wir die Höhe. Wir wenden uns dann rechts zum SCHLOSSE, welches im Mittelalter für eine der festesten Burgen Böhmens galt, da dasselbe nur von Norden her einen Zugang hatte und nach den anderen Seiten hin mächtige Basaltsäulen steil zur Tiefe abfallen. Außerdem ist es noch durch gewaltige Mauern und einen Wallgraben geschützt.

Wir suchen zunächst den Kastellan auf, zu dessen Wohnung eine Treppe im zweiten Turme führt, da er uns als Führer dienen wird. (1 Person zahlt 1 Mark, bei mehr Personen jede 50 Pf.)

Der Eingang in das Innere der Burg führt durch drei Thore, die früher mit Zugbrücken versehen waren. Das unterhalb der alten Burg auf der linken Seite des unteren Schloßhofes gelegene neue Schloß wurde in den Jahren 1868 und 1869 stilvoll hergestellt. Ein auf hohen Bogen ruhender Gang verbindet die alte Burg mit dem neuen Schlosse und der prachtvoll geschmückten SCHLOSSKAPELLE. Der Besuch ist gestattet.

Die Kapelle gehört zu den Hauptsehenswürdigkeiten Friedlands. Der uralte runde TURM der Burg mit seinen sechs Ellen dicken Mauern und dem Burgverlies stammt noch aus der Zeit des ersten Baues zur Zeit des 11. Jahrhunderts her, während das alte Schloß seine Vergrößerung nach Osten zu Christoph von Biberstein verdankt. Nach einer im Schloßhofe angebrachten Tafel wurde der Bau im Jahre 1551 vollendet. Wir wollen nun das Innere der Burg besichtigen. Durch das dritte Burgthor und eine gewölbte Thorhalle gelangt man in den kleinen oberen Burghof. Da die unteren Räume von gräflichen Beamten bewohnt sind, geleitet uns der Führer sofort in das erste Stockwerk des alten Baues. Hier führt er uns zunächst in den sogenannten »kleinen Rädernschen Saal«, in dem die Bildnisse der Glieder der Familie Rädern und mehrere Marmorbüsten zu sehen sind. In einem anstoßenden Zimmer sind uns Wallensteins, des Herzogs von Friedland, Bild vom Jahre 1626, ferner das seiner Tochter, der späteren Gräfin von Kaunitz, seines Schwagers, des Grafen Harrach, und andere Porträts von hohem Interesse. Außerdem werden hier

Wallensteins Schwert und verschiedene, eigenhändig von ihm unterschriebene Urkunden aufbewahrt.

Der anstoßende Rittersaal enthält die Bildnisse der sämtlichen Glieder der Familien Gallas und Clam-Gallas bis auf die neueste Zeit. Zwei Zimmer, welche

Was nun die Geschichte der Burg Friedland betrifft, so gehörten die ältesten Besitzer derselben dem alten böhmischen Dynastengeschlechte der Herren von Duba an. Im Jahre 1278 gelangte Rulko von Biberstein in den Besitz der Burg, da er von König Ottokar II. die Herrschaft Friedland-Seidenberg gegen Zahlung von 800 Mark Silber durch Kauf erwarb. Diese mächtige und angesehene Familie besaß Friedland bis zu dem im Jahre 1551 erfolgten Tode Christophs von Biberstein.

Da dieser keine direkten Nachkommen hinterließ, so fielen die sämmtlichen Güter als Kronlehen an den Kaiser Ferdinand I. Dieser verkaufte am 1. April 1558 die Herrschaften Friedland, Seidenberg, Reichenberg und Hammerstein an Friedrich von Rädern, kaiserlichen Rath und Kammerpräsidenten von Schlesien, um den Preis von 40000 Thalern. Sein Sohn, der Hofkriegsrathspräsident und kaiserliche Feldmarschall, Melchior von Rädern, der sich in dem Kriege gegen die Türken in der Zeit von 1593 bis 1600 hohen Ruhm erwarb, starb auf der Rückreise in Ungarn zu Deutschbrod am 20. September 1600.

Da sein Sohn, Christoph von Rädern, sich am Aufstande in Prag beteiligte und die Partei des von den Böhmen gewählten Gegenkönigs Friedrich V. von der Pfalz ergriff, so mußte er nach der Schlacht am weißen Berge flüchten. Er wurde aller seiner Güter verlustig erklärt.

Im Jahre 1622 kaufte dieselben Albrecht von Wallenstein von Kaiser Ferdinand II. um den Preis von 150000 Gulden. Unter diesem berühmten Heerführer des Kaisers, von diesem 1625 zum Herzog von Friedland erhoben, wurde der Protestantismus, welcher unter der Herrschaft der Familie Rädern allgemeine Verbreitung gefunden hatte, mit Härte unterdrückt. Gegen 7000 seiner Unterthanen flüchteten in die Nachbarländer.

Nach Wallensteins Ermordung in Eger am 25. Februar 1634 schenkte der Kaiser die Herrschaft dem Grafen Matthias von Gallas. In den Wirren des dreißigjährigen Krieges wurde das Schloß Friedland jahrelang mit einigen Unterbrechungen bis 1647 von den Schweden besetzt gehalten. Als 1759 der letzte Gallas ohne männliche Erben starb, gingen seine Besitzungen an seinen Neffen über, der den Namen Clam-Gallas annahm.

sich in dem von Christoph von Biberstein bewirkten Anbaue befinden und welche durch einige Stufen mit den Räumlichkeiten der alten Burg verbunden sind, erregen deshalb unser Interesse, weil das größere von Kaiser Joseph II. bewohnt wurde – man nennt es daher auch das KAISERZIMMER – als er auf seiner Rundreise durch das nördliche Böhmen am 16. und 17. September 1779 auch Friedland besuchte. Außerdem haben noch eine Anzahl von anderen fürstlichen Personen als Gäste der Schloßbesitzer diese Gemächer als Wohnung benutzt. Wir betreten nun im 2. Stockwerk die RÜSTKAMMER, welche eine höchst interessante Sammlung alter Waffen und Rüstungen, besonders aus der Zeit des Mittelalters, enthält. Zuletzt besteigen wir noch den Thurm, von dem aus wir einen Blick auf ein prächtiges Landschaftsbild haben, welches das Iser-, Haindorfer- und Hämmerichgebirge, die Tafelfichte und das Lausitzer Gebirge umfaßt.

Ehe wir Friedland verlassen, wollen wir noch die höchst sehenswerte, bereits 1255 erbaute, große DEKANAT-KIRCHE besuchen. (Meldung beim Glöckner, große Kirchgasse.) Vorzüglich sind es die Grabdenkmäler in ihr, welche unsere Beachtung in Anspruch nehmen. Wir sehen in der Rädernschen Kapelle links vom Hochaltare die Friedrichs von Rädern, seiner Frau und seines gleichnamigen Sohnes. Vorzüglich fesselt aber unsere Aufmerksamkeit das großartige, reichgeschmückte Marmordenkmal Melchiors von Rädern, welches seine Wittwe, Katharina geb. Gräfin Schlick, ihrem Gatten 1610 mit einem Kostenaufwande von 40000 Thalern errichten ließ. Man erblickt denselben in voller Rüstung und mit dem Feldmarschallstabe in der Hand. Zu beiden Seiten angebrachte Tafeln erinnern an seine siegreichen Erfolge im Türkenkriege. Rechts davon befinden sich die in Metall getriebenen Bildsäulen seiner Gemahlin und seines Sohnes Christoph und außerdem noch seitwärts vom Hochaltare Grabsteine der drei letzten Bibersteine in ritterlicher Tracht. (Vergl. »Gebirgsfreund« 1890, in dem Dr. Moschkau Schloß Friedland sehr eingehend besprochen hat.)

Tafelfichte

Die Tafelfichte ist der höchste Punkt des Isergebirges (1123 Meter). Bisher wurde sie nur selten besucht und in Reisehandbüchern nur kurz erwähnt, weil es an Wegen mangelte und die vorhandenen oft sumpfig waren. In Ermangelung eines Aussichtsturmes lohnte sich der Aufstieg kaum, da der breite Rücken des Berges ganz mit hohen Nadelbäumen bedeckt war. Selten fand sich ein zuverlässiger Führer vor. Ein Aussichtsgerüste am Anfange des Jahrhunderts, welches der berühmte Physiker von Gersdorf auf Meffersdorf erbaute (er soll die Tafelfichte nicht weniger als zirka 80 Mal bestiegen haben) und welches noch vorhanden war, als Theodor Körner 1809 den Berg besuchte, brannte bald nachher ab. Dank den Bemühungen und Geldopfern des Riesengebirgsvereins, des Gebirgsvereins für das Jeschken- und Isergebirge sowie des Verschönerungsvereins in dem benachbarten böhmischen Städtchen Neustadtel wurde im Sommer 1892 auf böhmischer Seite ein 18 Meter hoher, hölzerner Aussichtsturm gebaut. Da aber eine Restauration fehlt, so ist es ratsam, sich mit Proviant zu versehen. Die Aussicht, welche man vom

Turme genießt, ist großartig und prachtvoll, sie ist unstreitig eine der schönsten Mitteldeutschlands. Man überblickt einen großen Teil Sachsens, Schlesiens und Böhmens sowie das Riesen- und Isergebirge.

Wir haben von Friedland aus die Wahl unter mehreren Touren. Wählen wir den Weg über Neustadtl (Fahrgelegenheit dahin), so gehen wir vom Städtchen aus bis zum Forsthause am Anfang des Waldes und haben auf markierter, schöner, sanft ansteigender Straße in zwei Stunden den Gipfel des Berges erreicht. Während diese Tour vier Stunden Zeit in Anspruch nimmt, so brauchen wir bei der über Liebwerda oder den Wallfahrtsort Haindorf fünf Stunden. Besuchen wir direkt von Zittau aus die Tafelfichte, so ist die Bahnfahrt von Zittau nach Reichenberg (Rückfahrkarte III. Kl. 1 Mark 60 Pf.) und mit der Reichenberg-Görlitzer Bahn bis Station Raspenau (3. Zone 40 Kreuzer) vorzuziehen, da die Tagespartie eine ziemlich starke ist. Von dem nahen Haindorf aus gelangen wir über Weissbach nach dem wildromantischen Hegebachthale und in 2½ Stunden auf die Tafelfichte.

Früher war dieser Weg ohne Führer nicht zu empfehlen, denn erst vor kurzer Zeit ist derselbe von dem Gebirgsverein für das Jeschken- und Isergebirge durch weiße und gelbe Striche an den Bäumen und Felsen markiert worden, so daß ein Verirren gänzlich ausgeschlossen ist.

Im »Gebirgsfreund« von 1893 lautet S. 201 die Wegebeschreibung wie folgt: »Die Markierung beginnt wenige Schritte oberhalb des an der Hauptstraße gelegenen Spritzenhäuschens in Weißbach. Sie führt uns zuerst in den Hochwald und aus diesem dann ins Freie, in das eigentliche Hegebachthal. Ein ziemlich breiter

Weg, zur Abfuhr des Holzes bestimmt, nimmt nebst dem über Felsen und Blöcke herabrauschenden Hegebach die Thalsohle ein. In beiden Seiten des Thälchens zeigen sich große, teilweise abgeholzte Lehnen, zur Rechten die des Käuligen-Berges, zur Linken die Lehne des Kalmrich. Folgen wir dem in sanfter Steigung emporführenden Wege weiter, so erblicken wir nach einer Krümmung desselben vor uns eine Brücke, die den Bach übersetzt, ihr zur Seite eine mächtige Buche mit einem Kruzifix und links an der Kalmrichlehne in malerischer Lage einen Felsaufbau.

Diese Partie verleiht dem Thale einen herrlichen Reiz. Wenden wir uns hier, so blicken unsere Augen über einen scharfen Waldsattel hinweg nach Haindorf und auf die Felsen und Berge, die das linke Wittigthalufer umsäumen. Es ist ein wunderbar schönes, farbenreiches Bild, das allein schon wert ist, das Hegebachthal aufzusuchen. Je höher wir kommen, desto mehr verflacht sich das Thal. Der Weg geht allmählich in einen Pfad über, der in einer Schneise zwischen jungem Waldbestand sich dahinschlängelt und später sich theilend, einerseits zur Landesgrenze, andrerseits zur Quarre führt. Wir aber folgen nicht diesem Wege, sondern einem im rechten Winkel linkshin abzweigenden Seitenpfade. Hier sind die weißgelben Marken sehr reich aufgetragen, um ein Fehlgehen von vornherein auszuschließen. Der Weg biegt später in weitem Bogen nach rechts. Bei dieser Biegung – der Pfad wird nicht weiter verfolgt – erscheinen die Marken plötzlich zur Linken im Hochwalde, und sie geleiten ohne jeglichen Steg in eine schmale Steilschneise, weshalb der Tourist hier sein vollstes Augenmerk der Markierung zuwenden muß. In der vorher kaum bemerkbaren Steilschneise wird später eine Pfadspur sichtbar, die nach längerer Zeit, weiter oben die vom Kalmrich herabkommende breite Schneise querend, in einen großen ausgeholzten Flügel zum Plateau (Signalstange) und endlich links hin zum Turm und zur Hütte auf der Tafelfichte führt. Damit hat die Markierung ihren Endpunkt erreicht.«

Von der Tafelfichte führt ein schmaler Fußweg in ¾ Stunde nach dem ebenfalls mit einem Aussichtsturme versehenen 1107 Meter hohen Heufuder. Auch hier ist die Aussicht entzückend. Wählt man von der Tafelfichte den Abstieg nach Neustadtl, so braucht man 1½ Stunde und von da nach Friedland 1¾ Stunde. Von Friedland (3. Zone 40 Kreuzer) fahren wir über Reichenberg mit dem Abendzuge nach Zittau zurück.

Herrnhut, Hutberg, Löbauer Berg

Mit der Zittau-Löbauer Bahn wollen wir über Herrnhut auch Löbau besuchen. (Rückfahrkarte III. Kl. 1 M 90 Pf.) Wir unterbrechen die Fahrt aber in Herrnhut, da wir zunächst den freundlichen, über 1100 Einwohner zählenden Stammort der Herrnhuter Brüdergemeinden besuchen wollen.

Niemand hätte gewiß zur Zeit der Gründung geglaubt, daß auf dieser von Niederwald und Brombeersträuchern bedeckten, wüst und wild aussehenden Höhe, über welche die Landstraße von Löbau nach Zittau führte und wo die Wagen der Fuhrleute, der morastigen Stellen wegen, oft bis an die Achsen ver-

HERRNHUT wurde im Jahre 1722 unter dem Schutze des Grafen Nikolaus Ludwig von Zinzendorf (geboren 1700, gestorben 1760) auf Berthelsdorfer Grund und Boden von mährisch-böhmischen Exulanten gegründet, welche die Heimat ihres bedrohten Glaubens wegen hatten verlassen müssen.

sanken, in wenig Jahrzehnten ein so freundlicher Ort, ebenso freundlich in seinem Innern als in seinen Umgebungen, entstehen könne. Zehn Minuten südlich von Herrnhut, rechts in der Nähe der nach Zittau führenden Straße, erinnert ein Denkstein an die Gründung des Ortes. Er trägt folgende Inschrift: »*Am* 17. *Juni* 1722 *wurde an dieser Stelle zum Anbau von Herrnhut der erste Baum gefällt. Psalm* 84, 4.«

Allenthalben herrscht in den Straßen des regelmäßig angelegten Ortes die höchste Sauberkeit, nirgends hört man störenden Lärm. Alles macht den Eindruck beschaulicher Ruhe.

Von Gebäuden sind der auf der Mitte des Platzes gelegene einfache BETSAAL mit Türmchen, das Herrschaftshaus mit seinen schönen Gartenanlagen, die Chorhäuser: Brüder-, Schwestern-, Witwer- und Witwenhaus mit gemeinschaftlichen Bet-, Speise- und Schlafsälen, der Gasthof, Amtsgericht, das kaiserliche Reichspostamt und die Gebäude der Dürningerschen Handlung zu erwähnen. Letztgenannte wurde 1747 von Abraham Dürninger gegründet und gelangte in kurzer Zeit zu hoher Blüte. In den Umgebungen Herrnhuts befinden sich schöne und gut unterhaltene Promenaden. — Alle Angelegenheiten der sämtlichen Brüdergemeinden in und außerhalb Europas werden von der Unitätsdirektion, welche ihren Sitz im nahen Berthelsdorf hat, geleitet. Zu den von Zeit zu Zeit abzuhaltenden Synoden erscheinen Abgeordnete aus allen Teilen der Welt. Von hoher Bedeutung ist die Missionsthätigkeit der Brüdergemeinden. Da Missionare gern ihre letzten Lebenstage in Herrnhut beschließen, so trifft man hier Personen aus den verschiedensten Ländern der Erde. — Sehr besuchenswert ist das im ersten Stockwerk des Brüderhauses ausgestellte historisch-ethnografische MUSEUM; es bietet des Interessanten sehr viel. Wohl kaum wird ein Besucher Herrnhuts versäumen, den unmittelbar am Fuße des Hutberges liegenden, von Buchenhecken umschlossenen GOTTESACKER in Augenschein zu nehmen. Eine schöne Lindenallee am Ende der Berthelsdorfer Gasse führt zu ihm.

Der GOTTESACKER erinnert mit seinen zahlreichen Lauben und Ruhebänken und wohlgepflegten, sich vielfach kreuzenden Lindenalleen mehr an einen anmutigen Garten als an einen Begräbnisplatz. Jedenfalls zeichnet sich dieser Gottesacker dadurch vor den meisten anderen vorteilhaft aus. Eine Eigentümlichkeit, welche man wohl kaum anderswo antreffen möchte, besteht darin, daß oft in einer Reihe Verstorbene ruhen, die nicht allein in den verschiedenen Ländern unseres Erdteils, sondern auch außerhalb Europas, wo sich Missionen Herrnhuts befinden, geboren sind. Jeder, der die weithin reichenden Verbindungen Herrnhuts nicht näher kennt, wird gewiß davon überrascht sein.

Der vom Eingangsthore geradeaus gehende Hauptgang scheidet den Gottesacker in zwei Hälften; zur Rechten sind die Ruheplätze des weiblichen, zur Linken die des männlichen Geschlechts, aber nicht wie gewöhnlich in Form von Grabhügeln, sondern flach, nur mit einem einfachen Steine, der nichts als den Namen, Geburtsort und das Alter des Verstorbenen enthält, versehen. Jeder Stein enthält außerdem noch eine Ziffer, welche mit dem Kirchenbuche und dem Grundrisse des Gottesackers übereinstimmt. In der Mitte desselben, am Hauptgange, befinden sich in einer besonderen Reihe die durch größere Denksteine ausgezeichneten Ruheplätze des Grafen Zinzendorf und seiner Angehörigen.

Eine schöne und ansprechende Feier, bei der auch die Bewohner der Umgegend zahlreich erscheinen, findet auf dem Herrnhuter Gottesacker am Ostermorgen bei Sonnenaufgang statt. Paarweise, begleitet vom feierlichen Hall der Posaunen, geht man vom Betsaale aus auf den nahen Gottesacker, um sich der Auferstehung unseres Erlösers zu erinnern.

Wir besteigen den 364 Meter hohen Hutberg, der nur wenig höher gelegen ist als der Gottesacker. Den Schlüssel zum Pavillon erhält man im Gasthofe. Der Berg wird von Basaltlagern gebildet. Die Fernsicht, welche sich von dem Pavillon dem Auge darbietet, ist lohnend. Nach Südwest überschauen wir im Vordergrunde den Gottesacker, Herrnhut und den Bahnhof. Nördlich und östlich fällt der Blick zunächst auf das schöne Thal, in welchem sich die Dörfer Rennersdorf, Berthelsdorf und Strawalde aneinander reihen. Eine reizende Fernsicht wird östlich und südlich durch die Landeskrone, das Riesengebirge, den Iserkamm und das Lausitzer Gebirge, westlich durch den nahen Kottmar begrenzt. Nördlich erblickt man den Sohländer Rotstein und die entfernteren Königshainer Berge, bei ganz klarer Aussicht sogar den fernen Gröditzberg. Auch der auf der entgegengesetzten Seite sich erhebende Heinrichsberg bietet in der Richtung nach Südwesten einen schönen Ausblick. (Ausführliche Nachrichten finden sich in Korschelts Geschichte von Herrnhut und Berthelsdorf.)

Wir gehen nun um den Ort rechts herum, um den Bahnhof zu erreichen, da wir noch den Löbauer Berg besuchen wollen. In Löbau angelangt, führt uns unser Wanderziel vom Bahnhofe zunächst eine kleine Strecke auf der Straße nach der Stadt zu, worauf wir dann links, beim Mineralbad vorüber, unfern der großen Eisenbahnbrücke, nach dem Thale einlenken; rechts überschreiten wir hierauf auf einer Holzbrücke das Löbauer Wasser. Ein mit Kastanienbäumen bepflanzter, mit Ruhebänken versehener Fußweg führt uns bis zum Waldrande und bald zu einem Schweizerhause, einem von Löbau aus vielbesuchten Restaurant, welches den

Namen »Honigbrunnen« führt. Schon hier hat man von der Veranda einen schönen Blick auf die Höhenzüge bei Bautzen und die Haidegegend in der preußischen Oberlausitz.

Der 446 Meter hohe LÖBAUER BERG, welcher ein Areal von 366 Ackern umfaßt, hat drei Kuppen, eine mittlere, die Bautzner, eine östliche, den Schafberg, und eine südwestliche, die Judenkuppe. Der Honigbrunnen liegt unter der Bautzner Kuppe. Von ihm führt der Weg rechts durch den Wald, während der Weg nach dem Schafberge links abgeht, nach der Bautzner Kuppe mit dem eisernen FRIEDRICH-AUGUST-TURM und dem dabei befindlichen, elegant eingerichteten Restaurationsgebäude.

Leider erlebte der König Friedrich August, dessen Namen der TURM trägt und dessen Gegenwart bei der Einweihung bereits zugesagt war, dieselbe nicht; denn kurze Zeit vorher, am 9. August 1854, verunglückte er in Tirol. Man verdankt den Thurm der Opferwilligkeit des Löbauer Bäckermeisters Bretschneider. Mit einem Kostenaufwande von mehr als 10000 Thalern wurde er achteckig, mit drei Galerien, in durchbrochenem Fachwerk im Eisenhüttenwerke Bernsdorf hergestellt. Eine Wendeltreppe (120 Stufen) führt auf die Spitze.

Die AUSSICHT von hier ist prachtvoll. Wir richten zunächst den Blick nach dem Herrnhuter Hutberge und finden, daß der Blick natürlich von unserm gegenwärtigen Standpunkte aus viel umfassender ist als wir ihn dort hatten. Links vom Hutberg sehen wir Schloß Friedland und die Thürme des Klosters Haindorf und rechts vom Jeschken, welcher besonders ins Auge fällt, den Lange-, Kalk-, Mühlstein- und Heideberg, den Töpfer, Ameisenberg und über ihn emporragend den Hochwald, ferner den Jonsberg, die Lausche, den Kalteberg zwischen Kreibitz und Kamnitz, und mehr im

Vordergrunde Leutersdorf, Gersdorf, die Kapelle bei Rumburg, in weiter Ferne den Rosenberg, den Wolfsberg, Jüttelsberg, nach rechts den Bieleboh, den Valtenberg, Czorneboh, Kamenz mit seinem Hutberge, Hochkirch, Bautzen (den Blick, den wir schon vom Honigbrunnen aus hatten, nur erweitert), näher Kittlitz, den Stromberg und hinter Reichenbach die Königshainer Berge. Weiter nach rechts erblicken wir nun den Rothstein, die Landeskrone, bei klarer Luft den fernen Gröditzberg, die Jauernicker Berge, den Schönauer Hutberg, südöstlich das Riesengebirge, die Tafelfichte mit anderen Höhen des Iserkammes und vor ihm den Gickelsberg. Gewiß ein umfassendes Landschaftsbild!

Der Schafberg bietet keine zur Rundsicht geeignete Stelle. Er wird gewöhnlich nur von solchen aufgesucht, welche sich für Geographie und Altertumskunde interessieren, denn ein uralter Schlackenwall, der sich hier vorfindet, ist von hohem Interesse. Dieser Wall diente jedenfalls in heidnischer Vorzeit den Bewohnern der Gegend als Opferplatz und wohl auch bei feindlichen Angriffen zur Verteidigung.

Wir begeben uns nun in südwestlicher Richtung zu der nur wenige Minuten entfernten Judenkuppe, auf der sich eine einfache, ältere Restauration befindet. Auch von hier haben wir eine schöne Aussicht auf das Iser-Jeschken- und Oberlausitzer Grenz- und Mittelgebirge. Von hier aus führt der ältere, etwas steil abwärts führende Weg in einer guten ½ Stunde auf den Bahnhof, von dem aus wir unsere Rückfahrt nach Zittau antreten.

Bösig

Der Doppelgipfel des Bösig erhebt sich in unmittelbarer Nähe des Dorfes Schloß Bösig unweit des Städtchens Hirschberg. Aus der Ebene aufsteigend, ist er weithin sichtbar. Man erblickt ihn sowohl vom Prager Hradschin als auch von den Höhen des sächsisch-böhmischen Grenzgebirges. Ja man soll ihn sogar bei klarer Luft von einem Berge bei Iglau in Mähren, also in einer Entfernung von 21 Meilen mit bloßem Auge sehen können. Er besteht aus zwei steilen, in beträchtlicher Tiefe von einander getrennten, kegelförmigen Phonolithgipfeln, von denen der östliche, mit umfangreichen, imposanten Burg- und Klosterruinen gekrönt, 605 m und der westliche, auch Neue- oder Teufelsberg genannt, 577 m hoch ist.

Der Berg ist jetzt von Zittau aus, ungeachtet der größeren Entfernung, leicht zu erreichen. Während früher eine Fußpartie dahin, auf welcher man allerdings gewöhnlich auch Bürgstein, Schwoika, den Höllengrund zwischen Leipa und Neuschloß und den Habichtstein besuchte und den Rückweg über Niemes und Gabel wählte, gewöhnlich drei Tage in Anspruch nahm, ist jetzt ein Besuch des Bösig zu einer bequemen Tagespartie geworden. Man fährt von Zittau aus über Großschönau nach Warnsdorf (Rückfahrkarte III. Kl. 90 Pf.) und dann mit der böhmischen Nordbahn über Leipa bis Station Bösig (von Warnsdorf aus 8. Zone 1 Gulden.) — Von der Station Bösig aus erreicht man das gleichnamige, am Fuße des prächtig bewaldeten Berges liegende Dorf, welches auch ein gutes Gasthaus besitzt, in etwa ½ Stunde. Von hier führt der Weg in

Die Burg Bösig (slav. Bezdes) ist unstreitig sehr alt. Königliche Gaugrafen oder Kastellane hatten hier ihren Sitz. Sie wird urkundlich zuerst im Jahre 1185 erwähnt. Erweitert wurde die Burg wahrscheinlich unter König Ottokar II. Nachdem dieser in der Schlacht auf dem Marchfelde von Rudolf von Habsburg besiegt worden war, wurden Ottokars Witwe und sein minderjähriger Sohn Wenzel II. unter der Vormundschaft Ottos von Brandenburg auf der Burg vom Januar 1279 an gefangen gehalten. Später soll Wenzel auf Veranstaltung seines Vormundes, wie der Zittauer Stadtschreiber Johann von Guben in seinen Jahrbüchern erzählt, nach Zittau gebracht und hier drei Jahre hindurch den Bürgern der Stadt anvertraut worden sein. Die Vorliebe, welche König Wenzel später mehrfach den Zittauern bewies, spricht ebenfalls für die Wahrheit jener Angabe. Nach Wenzels Tode, welcher im Jahre 1305 erfolgte, wurde die Burg an die Herren von Duba verpfändet. Als 1348 Hinko Berka von Duba starb, ging Bösig in den Besitz Kaiser Karls IV. über. Mit Vorliebe verweilte er hier. Im Jahre 1366 ließ er den Großteich bei Hirschberg anlegen. Auch im folgenden Jahre, acht Tage vor Jacobi, war er auf der Burg und in Hirschberg anwesend.

Der Sohn Karls IV., Wenzel, verpfändete 1402 die Burg Bösig an seinen Vetter, den Markgrafen Prokop von Mähren. Im Jahre 1420 gelangte dieselbe durch Verpfändung des Königs Sigismund an Johann von Michelsberg, welcher den Bösig auch in den Stürmen des Hussitenkrieges behauptete, während die ganze Umgebung verwüstet wurde. Vom Bösig aus sandte Michelsberg mehrmals Botschaft an die befreundeten Sechsstädte der Oberlausitz, wenn denselben Gefahr durch Hussitenscharen drohte. Nach mehrfachem Besitzwechsel wurde im Jahre 1607 Wenzel Berka von Duba Besitzer der Herrschaft. Er bewohnte die Burg nicht mehr, sondern schlug seinen Sitz in dem neuen Schlosse zu Hirschberg auf. Weil er sich aber bei dem Aufstande der Böhmen beteiligt hatte, mußte er nach der Schlacht am weißen Berge flüchtig werden. Die Burg wurde am 5. Januar 1621 von bayerischen Truppen zerstört und ist seitdem Ruine. Durch Geschenk des Kaisers gelangte die Herrschaft ein Jahr später in den Besitz Wallensteins. Nach seiner Ermordung konfiszierte sie der Kaiser. Seit dem 22. Januar 1680 ist Bösig mit der Herrschaft Hirschberg in den Besitz der gräflich Waldsteinschen Familie übergegangen. Im dreißigjährigen und siebenjährigen Kriege besetzten schwedische und preußische Truppen die Burg.

Die Ruinen, welche aus neuerer Zeit stammen, sind die eines Klosters, welches Wallenstein im Jahre 1624 stiftete. Als Kaiser Joseph II. dasselbe 1785 aufhob, wurden Dach, Fenster, Eisenwerk u.s.w. verkauft, und man hat den gewiß seltenen Anblick einer gewaltsamen neuen Ruine. Das Gnadenbild der Jungfrau von Montserrat, welches 1666 dem Kloster geschenkt wurde, befindet sich jetzt, ebenso wie Orgel und Glocke, in der Kirche zu Hirschberg. — Da jetzt ein anderes Marienbild auf dem Berge aufgestellt ist, so finden zahlreiche Wallfahrten statt. Es herrscht dann hier oben ein reges Menschengewühl. Man hat jährlich schon an 40000 Kommunikanten gezählt.

Einer Episode, deren Schauplatz in jenen Tagen der Bösig war, welche interessante Streiflichter auf die in jener Zeit nicht selten vorkommenden Streitigkeiten zwischen Rat und Handwerkern der Oberlausitzer Sechsstädte wirft, möge hier deshalb eingehender gedacht sein. Die Tuchmacher und andere Handwerker der Stadt Zittau waren mit dem Rate daselbst wegen eines freien Brot- und Fleischmarktes in Streitigkeiten verwickelt. Sie beschlossen, dem auf dem Bösige weilenden Kaiser ihre Beschwerden vorzutragen.

In blanker Rüstung, mit Schwert und Bogen, teils zu Wagen, teils zu Pferde, zogen sie, 800 Mann stark, über Niemes nach dem Bösig. Dahin begaben sich aber auch, und zwar noch früher als jene, der Zittauer Bürgermeister mit neun Deputierten von den Schöppen und den Handwerkern, welche auf Seiten des Rates waren. Karl ließ zuerst die letztgenannten vor, die von des Kaisers Räten begünstigt wurden. Er sprach seine Verwunderung aus, als er, aus den Fenstern der Burg blickend, so viel gerüstetes Volk aus der Niemeser Haide daher ziehen sah. »Wie habt ihr«, rief er den Ratsdeputierten zu, »eure Kinder also erzogen?« — Anfangs wollte er Befehl geben, die Menge zu entwaffnen. Bei seinem Gange zur Messe – es war eben Sonntags – übergaben die Tuchmacher ihr Anliegen schriftlich. Nach der Messe wollte sie der Kaiser anhören. Sechs der Handwerker wurden vorgelassen, ihre acht Beschwerdepunkte, die nicht sehr erheblich waren, vom Hofmeister vorgelesen und von den Ratsdeputierten sofort beantwortet. Es gelang dem Kaiser, einen Vergleich zwischen beiden Parteien herbeizuführen. Ein ihm übergebenes Büchlein mit den Innungsartikeln der Tuchmacher warf er ins Feuer und gab ihnen neue Artikel; auch entschied er, daß die Wahl der Ältesten dem Rate zustände und bei den Zusammenkünften ein Rathsdeputierter zugegen sein müsse. Die Deputierten beider Parteien verständigten sich und aßen im Wirtshause zu Hirschberg gemeinschaftlich. Der Rat wählte dann auch neue Älteste und vereidete sie auf die kaiserlichen Verordnungen. — Doch bei der Abreise der Tuchmacher wurde der Kaiser sehr erzürnt, weil sie mit dem erbetenen Rechte eines Wochenmarktes nicht zufrieden waren, sondern sofort um einen zweiten anhielten. Fast hätte er eine Anzahl unruhiger Köpfe zum Tode verurteilt, wenn nicht die Ratsdeputierten für sie Gnade erwirkt hätten. (Vergl. Peschecks Gesch. v. Zittau I, S. 516 u. 517)

Windungen, an Stationskapellen vorüber (Bösig ist auch ein vielbesuchter Wallfahrtsort), zum Theil auf breiten Phonolithplatten zu den höchst interessanten, wohl erhaltenen Ruinen des Gipfels. Ein Kastellan übernimmt hier die Führung.

Diese Trümmer der schönsten Burgruine des nördlichen Böhmens, deren Großartigkeit zu bewundern wir schon auf der Fahrt von Hirschberg her Gelegenheit hatten, stammen aus ältester Zeit, während die des Klosters erst aus der Zeit des dreißigjährigen Krieges herrühren. Von der Südseite führt uns der bereits oben angedeutete alte Fahrweg vom Dorfe durch drei alte Thore, von denen das erste am Fuße des Berges, das zweite etwas höher an einer schmalen Stelle des Weges, das dritte aber an dem Übergange auf die nordwestliche Seite des Kammes gebaut wurde. Sie sind durch eine lang sich hinziehende, hohe Mauer, welche aber gegenwärtig zum Theil in Trümmern liegt, mit einander verbunden. Bei dem dritten Thoreingange sehen wir einen 30 m hohen Rundturm, den sogenannten »Teufelsturm«. Seine Mauern sind von solcher Festigkeit, daß sie der Zeit noch lange trotzen werden. Derselbe ist durch eine hohe, steil aufsteigende und mit Brustwehren versehene Mauer mit den oberen Gebäuden der Burg verbunden. Auf dem höchsten Punkte des Gipfels ragt ein noch höherer Turm empor. Im Jahre 1844 ließ ihn der Besitzer des Berges, der Graf von Waldstein-Wartenberg, zugänglich machen. Seine Plattform in 643 m Höhe bietet eine großartige Rundsicht. Sie soll den vierten Teil Böhmens umfassen. Südöstlich ist an den gewaltigen Turme das Hauptgebäude mit dem Burgsaale und an der nördlichen Schmalseite des letzteren die herrliche BURGKAPELLE angebaut.

Wir besteigen nun auf 164 Stufen den Turm, dessen Mauerstärke unter 5 Meter beträgt, um uns an der hier sich bietenden unvergleichlich schönen RUNDSICHT zu erfreuen, welche der vom Mileschauer jedenfalls an die Seite zu stellen ist. — Bei Schilderung derselben folgen wir hier Friedrich Bernaus vortrefflicher Schrift über den Bezirk Dauba S. 254ff., welche zugleich auch die eingehendsten geschichtlichen Nachrichten über den Bösig enthält. Bernau hat bei der Schilderung der Aussicht Schäfers Führer durch Nordböhmen zu Grunde gelegt. Es heißt dort:

»Eine Landschaft ins vor unseren Blicken aufgerollt, die vom Mileschauer bis zur Schneekoppe und vom Winterberge bis nach Prag reicht. — West: Ganz im Vordergrunde der Teufelsberg, das Dorf dahinter ist Wobern; etwas links davon der Tachaberg; rechts von diesem der spitze Zinken des Altpersteins; über den Tachaberg hinaus das Schloß von Neuperstein und über den Altperstein hinaus der Geltschberg bei Auscha; links von diesem der Mileschauer bei Teplitz und rechts das Erzgebirge (Nollendorfer Kapelle und Mückenthürmchen). Zwischen Wobern und Hirschberg der Ronberg (spitz mit Ruine). — Nordwest: Hinter dem Walde der Großteich; am Südufer desselben die Stadt Hirschberg, am Nordufer Thammühl und der Schraubenberg, am Ostufer der Bornayberg; über den Großteich hinaus Schloß Habstein, dahinter Neuschloß und in derselben Richtung der Koselberg, etwas links von diesem ganz im Hintergrunde der Schneeberg; rechts vom Koselberge Böhmisch-Leipa, noch weiter rechts am Horizonte das Elbsandsteingebirge (Winterberg, Rosenberg u.s.w.) — Nord: der Heideteich, am Westufer desselben Heidemühl und der Mühlberg, am

Nordufer der große Petzberg; über den Mühlberg hinaus der Glawizeck bei Bürgstein; etwas rechts von diesem der Kleis und etwas links der Kuhberg und Emanuelsberg bei Parchen (dessen weiße Kirche man sieht); rechts davon der Kalteberg. Suchen wir uns wieder den großen Petzberg auf; gerade über denselben hinaus zeigt sich Reichstadt und hinter diesem der schon erwähnte spitze Kegel des Kleis; rechts von letzterem die Lausche und noch weiter rechts der Hochwald. Rechts vom Petzberge liegen der große und der kleine Buchberg und über diese hinaus der spitze Rollberg, links am Fuße desselben das Städtchen Niemes; hinter dem Rollberge der Tolzberg und etwas rechts von diesem die Stadt Wartenberg; vor derselben der Dewiner Schloßberg; etwas weiter rechts der Jeschken, südlich unter demselben der Horkaberg; rechts vom Jeschken im Nordost: das Isergebirge und weiter das Riesengebirge (Reifträger, hohe Rad, große und kleine Sturmhaube und Schneekoppe). — Ost: Im Vordergrunde Münchengrätz, darüber hinaus der Musky und weiter der Trosky (zweizinkig); links von letzterem der Kozakow; etwas rechts hinter dem Trosky der Taborberg (Kapelle), noch weiter die Ruinen Bradletz und Rumburg. — Südost: Jungbunzlau; rechts davon in weiter Ferne der Wisokaberg bei Kuttenberg; ganz im Hintergrunde die mährischen Gebirge. Süd: Unten am Berge das Dorf Schloß-Bösig; darüber hinaus der Waldsteinsche Wald, etwas nach rechts uns wendend, gewahren wir bei hellem Himmel den Hradschin von Prag (?) Südwest: Noch im Vordergrunde der Wratner Berg; rechts von diesem der Wojetiner Berg und weiter Schloß Hauska. Zwischen dem Wratner und Wojetiner Berge sieht man Melnik. Auch der Rzip oder Raudnitzer Georgenberg wird in dieser Richtung sichtbar.« Schwer trennt man sich von diesem herrlichen Aussichtspunkte. Erblickt man ihn später wieder von einem Berge des Zittauer Gebirges oder einer anderen Höhe, so wird man sich gewiß gern der dort verlebten Stunden erinnern und den Wunsch hegen, ihn wieder zu besuchen.

Kleis, Bürgstein

Um den Kleis zu besuchen, fährt man auf der böhmischen Nordbahn bis Station Haida (Rückfahrkarte III. Klasse bis Varnsdorf 90 Pf., bis Haida 5. Zone 50 Kreuzer). — Unter den zahlreichen imposant aufragenden Bergkegeln des böhmisch-sächsischen Grenzgebirges war bisher der Kleis fast der einzige, welcher von Touristen nur selten besucht wurde, obschon die böhmische Nordbahn an seinem Fuße vorüberführt. Es fehlte an einem bequemen Aufstieg auf den spitzen und steilen Kegel des Berges. Jetzt aber ist es den eifrigen Bemühungen der Sektion Haida des österreichischen Alpenvereins gelungen, den Berg, welcher 755 Meter hoch, einer der schönsten und lohnenden Aussichtspunkte Nordböhmens ist, besser zugänglich zu machen. Bis auf den Gipfel ist ein bequemer Weg in Schlangenwindungen hergestellt. Derselbe ist mit Tafeln versehen und blauweiß markiert, die Markierung beginnt beim Gasthause »zum Stern«. Schon am Fuße des Kleis erfreut man sich eines schönen Landschaftsbildes. Besonders imposant ist der Blick auf die südlichen Felsabstürze des Kleis. Die Besteigung ist jetzt im Vergleich zu den früheren Schwierigkeiten leicht zu nennen. Da aber der Gipfel noch keine Restauration besitzt, so ist die Mitnahme von Proviant zu empfehlen. Von Haida aus besteigt man den Berg in 1½ Stunde.

Die Aussicht ist nach Süden entzückend und umfangreich, nach Norden aber durch Hochwald beschränkt. Man erblickt südlich das Städtchen Zwickau, die Kapelle des Kalvarienberges, Gabel, den Jeschkenkamm und fern am Horizonte das Riesengebirge mit der Schneekoppe. Gegen Südost den Urtelsberg und ferner in derselben Richtung den Roll, zwischen diesem und dem Jeschken die Troskys; südwestlich im Vordergrunde Haida, fern am Horizont den Geltsch bei Auscha; westlich den Kamnitzer Schloßberg und hinter demselben den Rosenberg, links davon den Schneeberg und das Mückentürmchen; nördlich ist, wie schon erwähnt, die Aussicht durch hohen Wald beschränkt, doch erblickt man noch den Tannenberg und Tollenstein und nach Nordost die Lausche und fern links davon die Landeskrone. — Wir wandern wieder zurück nach Haida. Gestattet es uns die Zeit, so ist daselbst ein Besuch des Museums im Haidaer Stadthause zu empfehlen, da es schöne Glasmalereien und Gravierungen enthält.

Unter den zahlreichen Burgruinen Böhmens ist eine der interessantesten die Felsenburg Bürgstein oder der Einsiedlerstein. Von Haida aus führt uns der Weg am Tiergarten hin in ½ Stunde ans Ziel. Gegen eine Gebühr von 30 bis 40 Kreuzer erhält man in dem Hause am Fuße des Berges einen Führer. Ein schluchtartiger Aufstieg führt auf schmaler, hölzerner Treppe empor zu dem 60 Meter hohen, nach allen Seiten steil abfallenden Felsen. Bloß wo es unumgänglich notwendig war, ist beim Bau dieser Felsenburg anderes Material verwendet, sonst sind alle Gänge, Treppen und Räume mühsam aus dem allerdings weichen Sandstein herausgemeißelt worden.

Die aus drei Abteilungen bestehende frühere Wohnung des Burgherrn diente vom Ende des 17. Jahrhunderts verschiedenen EINSIEDLERN als Wohnung. Ein Gemach diente als Rüstkammer. Sehenswert ist auch die Burgkapelle, deren Altar, Wände und die Kuppel der Decke ebenfalls in den Felsen gehauen sind. Als Gefängnis diente ein trichterförmiges Gemach, in welches die Gefangenen von oben herabgelassen wurden. Einige andere Grotten erinnern an die Einsiedlerperiode des Felsens. Eine uralte Buche im Burghofe erinnert durch in die Rinde eingeschnittene Namen an den Besuch fürstlicher Personen. — Der Name BÜRGSTEIN, Birkstein, rührt von den früheren Besitzern, den Berkas von der Duba her. Im Jahre 1444 war Miksch Pancer, der die Zittauer Gegend bis Bernstadt hin plünderte und durch Mord und Brand verwüstete, Besitzer. Die Burg wurde daher von den Sechsstädten erstürmt.

Einen Besuch verdient auch das von Bürgstein ½ Stunde entfernte SCHWOIKA mit seiner Burgruine und dem BETGRABEN, eine Wallfahrtsstation mit reichgeschmückter Kapelle. Doch wir müssen nach Haida zurückeilen, wenn wir noch mit dem Abendschnellzug in Zittau eintreffen wollen.

Höllengrund bei Böhmisch-Leipa und Habichtstein

Beim Besuche des romantischen Höllengrundes benutzen wir die böhmische Nordbahn bis Leipa (6. Zone 65 Kr.) Von Leipa aus überschreiten wir, um in den Grund zu gelangen, bei der kleinen Magdalenenkirche den Polzen und wenden uns rechts der Aichaer Straße zu. Nach ¼stündiger Wanderung erblicken wir bei einem Kruzifix eine Wegteilung. Eine Tafel bezeichnet uns links den Feldweg, den wir einzuschlagen haben. Nach etwa 10 Minuten kommen wir über eine Überbrückung und gehen rechts auf dem Fußwege weiter fort. Nach ungefähr 12 Minuten, vor einer Brücke, wendet sich der Weg links, dann geht es rechts an Felswänden hin, durch weiße Striche markiert in den HÖLLENGRUND.

Nachdem wir in qStunden unser Ziel erreicht haben, nimmt die Wanderung im Grunde ebensoviel Zeit in Anspruch. Zu beiden Seiten des tiefeingeschnittenen Grundes erblickt man schroff aufsteigende Felsen und prächtige Nadelholzbäume (Fichten mit 1m bis 2Meter Durchmesser).

Ein Zufluß des Polzen, an dessen Ufern riesige Farren üppig gedeihen, belebt den Grund. Man kommt an verschiedenen, zum Teil zugänglichen Felsenhöhlen vorüber, die vielleicht den Bewohnern der Umgegend in Kriegszeiten als Zufluchtsort gedient haben mögen. Rechts über dem Wasser sehen wir den Meierhof Neuhof. Wir gehen geradeaus weiter. Vor der Karbaer Mühle ist abermals eine Nische in den Felsen gehauen. Später gelangen wir zu der Karbaerschenke und schlagen den Weg nach Neuschloß ein. Derselbe führt durch eine schöne Allee bei dem Fasanengarten vorüber.

Später schöner Blick in den tief unten liegenden Tiergarten. Am Ende des Höllengrundes sind wir in Neuschloß angelangt.

Von hier wandert man rechts von dem großen Herrnserteiche die nach dem Städtchen HABSTEIN

[Schloß Neuschloß] gehört der gräflichen Familie von Kaunitz. Als Wallenstein 1634 in Eger ermordet worden war, wurden seine zahlreichen Herrschaften von Kaiser Ferdinand II. konfisziert. Die Witwe und Tochter, welche mit einem Grafen Kaunitz verheiratet war, erhielten nur die Herrschaft NEUSCHLOSS zurück.

Die Burg HABICHTSTEIN gehörte zu den ältesten und festesten Burgen des alten und mächtigen böhmischen Dynastengeschlechts der Berka von der Duba, ebenso wie Bürgstein. Schon im Laufe des 13. Jahrhunderts gegründet, blieb sie im Besitze der Familie bis 1446. Später ging sie an die Wartenberge über. Als sie 1622 Albrecht von Wallenstein, der spätere Herzog von Friedland, erwarb, scheint die Burg bereits unbewohnt gewesen zu sein.

führende Straße. Bald erblickt man den merkwürdig geformten, 27 Meter über dem Straßenniveau sich erhebenden und einem gestrandeten Schiffe ähnlichen HABICHTSTEIN. Ein fesselndes Bild! Früher trat diese Ähnlichkeit noch viel überraschender hervor. Wiederholte Abstürze haben aber den westlichen Teil des Felsens um die Hälfte verringert. Jetzt ist die Ersteigung nur auf hohen Leitern möglich.

Von Station Habstein fahren wir mit der Bahn nach Leipa zurück (1. Zone 10 Kreuzer). In der Nähe von Leipa sind zwei prächtige Aussichtspunkte, der Spitzberg und der KAHLEBERG. Wir wollen, weil nur 25 Minuten entfernt, den letztgenannten besuchen. Der Basalthügel befindet sich am rechten Ufer des Polzen, westlich von der Stadt, am Ende einer mit Ruheplätzen versehenen Allee. Die Abhänge des Berges sind parkähnlich angepflanzt. Das Restaurationsgebäude, im Schweizerstil erbaut, ist mit Landschaftsgemälden von Prof. Steffen geschmückt. Die Aussicht ist zwar nicht so umfassend wie vom Spitzberge, bietet aber ein Panorama von großer Schönheit, namentlich über das Polzenthal auf den Hohen Schneeberg. Nach dieser etwas starken Tagestour beeilen wir uns, um mit dem Abendzuge wieder nach Zittau zu gelangen.

Roll, Burgruine Dewin

Obwohl die Entfernung von Zittau nach dem 694 Meter hohen Roll nur etwa 6 Stunden beträgt, so gelangen wir doch viel eher hin, wenn wir in einem großen Bogen mit der böhmischen Nordbahn zunächst bis Leipa und dann von hier aus (20 Kreuzer) mit der Zweigbahn bis Niemes fahren, zumal auch der Aufstieg von Niemes aus in landschaftlicher Beziehung vorzuziehen ist.

Da durch die Verschönerungsvereine zu Niemes und Wartenberg der Aufstieg markiert worden ist, so kann man den Roll ohne Führer in 1½ Stunde ersteigen. Man wende sich zunächst von der Bahnstation nach dem 20 Minuten entfernten Rabendorf. Wir verfolgen zunächst einen alten Fahrweg. Weiße Wegmarken deuten später die Richtung an. Oben angelangt, suche man die Spuren des noch aus der Burgzeit herrührenden Reitweges auf. — Beim Eintritt durch das kleine, links von einer runden Bastei geschützte Pförtchen (die Burg war nur für Reiter zugänglich) steht man in der Mitte eines engen Hofes, in welchem sich südöstlich außer dem nun ganz verschütteten Brunnen der sonst weit höhere, vierseitige Wartturm befindet, welcher den Eingang in die Burg beschützte. Unfern der Burg ist auf der südwestlichen Seite der Kuppe ein langer, mitunter nur 2 Meter breiter Basaltrücken. Früher war das Beschreiten dieses Weges nur Schwindelfreien zu empfehlen, jetzt ist derselbe mit einem eisernen Geländer versehen. Diese einzeln getrennten Bauten waren früher durch eine Ringmauer mit Schießscharten umschlossen.

Die den Gipfel des Berges krönenden Ruinen von großem Umfang gehören einer der ältesten Burgen Böhmens an, der BURG RALSKO (deutsch Roll). Der Mittelbau war östlich und westlich durch Türme geschützt. Vor der jetzt von Schutt bedeckten Vorburg erhob sich westlich die Hauptburg auf steiler Basaltklippe. Sie bestand aus mehreren Geschossen.
Die Burg ist bereits in der ersten Zeit des Mittelalters erbaut worden, da urkundlich schon 1175 und 1197 Hermann von Ralsko als Besitzer genannt wird. Sie blieb im Besitze der Familie Ralsko-Wartenberg vier Jahrhunderte hindurch.
Oft ist zur Hussitenzeit Zittau von hier aus bedrängt und geschädigt worden. Im Jahre 1433 hatte Ralsko von Wartenberg den Zittauern gegen Zahlung von 400 Schock versprochen, Schloß Grafenstein überliefern zu wollen. Aber als der Landvogt der Oberlausitz, Thimo von Kolditz, mit Zittauer Mannschaften erschien, um es einzunehmen, wurde er verräterisch überfallen, 8 Zittauer erschlagen und 26 gefangen genommen. Die Zittauer bekamen bald darauf den Verräter in ihre Gewalt. Sie ließen ihn schleifen und vierteilen (Arme und Füße wurden an Pferde befestigt und so der Körper in Stücke gerissen). Eine 10jährige Fehde mit der mächtigen Familie von Wartenberg war die Folge. Von ihren Bergschlössern Ralsko (Roll), Dewin und Tollenstein überfielen sie Zittau und seine Dorfschaften mit Plünderung, Brand und Mord. Zittauer Chroniken sagen: Die Stadt hätte dadurch mehr Schaden erlitten als während des ganzen Hussitenkrieges.
»Wegen ähnlicher Räubereien«, so erzählt der Breslauer Chronist Eschenloer, »1468 um Martini erstiegen 12 Trabanten aus der Stadt Zittau das hohe feste Schloß Roll genannt, bei Niemes, und schlugen dabei zu Tode den Herrn mit allem seinem Gesinde und machten große Beute. Es war eine ungeheuer ritterliche That. Die Zittauer besetzten das Schloß wohl.«
Wie es aber möglich war, daß zwölf Söldner sich dieser unersteiglichen, wohl verwahrten Burg bemächtigen konnten, darüber giebt uns die Volkssage, die sich in den benachbarten Ortschaften bis heute erhalten hat, Auskunft. Die Zittauer sollen nämlich den Hirten, welcher am Rollberge das Vieh des Burgherrn weidete, in der Abenddämmerung erschlagen und dann der heimkehrenden Herde gefolgt sein. Der Thorwächter öffnete bei dem ihm wohlbekannten Klange der Herdenglocken, nichts ahnend, das Einlaßpförtchen. Er wurde ebenso wie die in Schrecken versetzte Besatzung übermannt. Am Ende des 16. Jahrhunderts wird die Burg bereits als »wüstes Schloß« erwähnt.

Was nun die großartige Aussicht von der eben erwähnten südwestlichen Kuppe betrifft, welche vielleicht mit der vom Bösig und Mileschauer wetteifern kann, so wird dieselbe im 4. Jahrgang des »Gebirgsfreundes« S. 175 wie folgt geschildert:

»Am Fuße des Berges gegen Südwesten lagert die betriebsame Stadt Niemes am Polzen mit sehenswertem Schloß und Park des Grafen Hartig, dessen Familie aus Zittau stammt und der Stadt zwei Bürgermeister gegeben hat. Über die Stadt hinaus zeigt sich der spitze Altperstein. Im Hintergrunde liegt der Georgsberg bei Raudnitz. Rechts hinter Niemes zeigt sich der bewaldete Wilschberg und der spitze Ronberg, über denselben hinaus der gewaltige Geltsch bei Auscha. Am Südfuße des Berges über das Dorf Höflitz schaut der doppelgipfelige Bösig herüber, etwas rechts davon das weithin sichtbare Schloß Hauska.

Südöstlich sieht man den Musky bei Münchengrätz, links davon den zweizinkigen Trosky hinter Turnau und weiter den gewaltigen Kozakow bei Semil.

Östlich erheben sich über weiter Waldfläche die beiden Hirschberge, die malerische Ruine Dewin und gerade darüber hinaus die Schneekoppe. Im Nordosten erglänzt rechts vom Städtchen Wartenberg der Spiegel des Hammersees, hinter welchem dann der imposante Jeschken aufsteigt. Hinter dem Jeschken sehen wir die Gipfel des waldreichen Isergebirges: Sichhübel und Taubenhaus.

Gegen Norden weidet sich das Auge an einer Anzahl schön geformter, kühn aufsteigender Berge, über dem Dorfe Neuland am Fuße des Berges der Limberg und Tölzberg, rechts davon über der Stadt Gabel der Hochwald, weiter Urtelsberg und Kleis sowie die

Türme des Kaltenberges und Tannenberges, die Lausche, in der Ferne der Rosenberg. Gegen Westen erblicken wir Reichstadt, den Kamnitzberg, Leipa und links davon in blauer Ferne den Mileschauer. — Gewiß ein großartiges Rundsichtsbild!«

Hochbefriedigt verlassen wir den Berg. Wir wandern aber nicht wieder nach Niemes zurück, sondern, da wir den Hammersee und die Burgruine Dewin besuchen wollen, nach dem Städtchen WARTENBERG.

Der Weg führt uns zunächst nach dem Meierhofe Klein-Roll. Wir können nicht irren, der Weg ist markiert, und beim Heraustreten aus dem Walde sieht man bereits Wartenberg vor sich liegen. Vom Gipfel aus braucht man bis hin 1¼ Stunde. Von Wartenberg aus erreicht man in ½ Stunde das Dörfchen Hammer mit dem idyllisch gelegenen, reich mit Fischen besetzten Hammersee.

Das Thal, eines der lieblichsten in ganz Böhmen, ist nördlich vom Jeschkenkamm umschlossen, über den sich die gewaltige Pyramide des Jeschken erhebt, und südlich von bewaldeten Sandsteinbergen. Eine von diesen Erhebungen trägt in 435 Meter Höhe die umfangreichen Ruinen der BURG DEWIN, die jedenfalls einst zu den schönsten Burgen Böhmens gehörte. Um nach Dewin zu gelangen, wähle man entweder die angenehme Kahnfahrt über den See oder wandre am nördlichen Ufer hin. Man kann nicht irren, da man die Ruinen fast stets vor Augen hat (½ Stunde).

Von einem am westlichen Abhange befindlichen Steinbruche führt ein bequemer Weg hinauf. Auf einer Felskuppe erblickt man die Reste eines Wartturmes, zahlreiche Trümmer von Mauerwerk von den beiden Burgthoren und der Kapelle, ferner das Hauptgebäude der Burg mit Spuren von Kellern, Zimmern, Küche u.s.w. Auch das Burgverlies und ein tiefer, in den Felsen gehauener Brunnen sind noch vorhanden. Erwähnenswert ist besonders auch der Turnierplatz.

Die BURG soll ebenso wie Burg Ralsko von den Wartenbergern, und zwar im 13. Jahrhundert, gebaut worden sein. Die immerwährenden Räubereien, besonders zur Zeit der Wartenberger Fehde, waren die Ursache, daß im Jahre 1441 die Macht der Sechsstädte auch vor DEWIN erschien. Obwohl man die Burg nicht zu erobern vermochte, wurde doch die ganze Umgegend verheert. Ruine ist Dewin seit der Zeit des dreißigjährigen Krieges.

Die Aussicht, namentlich auf den See, die Städtchen Wartenberg und Gabel, den Roll, das rechts darüber hinausliegende sächsisch-böhmische Grenzgebirge ist rechts lohnend. Im Sommer trifft man in den Ruinen eine einfache Restauration an.

Da wir Zittau nicht mehr mit der Bahn erreichen können, so übernachten wir in Wartenberg. Beide Gasthöfe am Marktplatze sind gut. Am nächsten Morgen fahren wir von Niemes nach Zittau zurück.

Jüttelsberg, Bieleboh

Ein in neuerer Zeit erst von Einheimischen sowohl als von Touristen gewürdigter Aussichtspunkt ist der JÜTTELSBERG. Er befindet sich bereits auf böhmischem Grund und Boden in der Mitte zwischen den sächsischen Städtchen Neusalza und dem böhmischen Schluckenau, von jedem dieser Orte 1 Stunde entfernt. Wir fahren mit der Zittau-Bischofswerdaer Bahn bis zur Station Neusalza (Rückfahrkarte III. Kl. 1 Mark 80 Pf.) Von dem Stationsgebäude aus, eine kleine Strecke nach links zu entfernt, wandern wir auf dem Fahrwege in gleicher Richtung zwischen Wiesen bis zum Waldrande und von hier immer im Walde sanft ansteigend auf markiertem Wege bis zu dem mit einem 24 Meter hohen Aussichtsturme gekrönten Gipfel (507 Meter). Ein einfaches Bergrestaurant ist in der Nähe des Turmes. Der Berg gehört zur Flur Königswalde. Der Blick nach Sachsen und Böhmen ist sehr schön und ziemlich umfassend. — Beim Besuch des BIELEBOH benutzen wir dieselbe Bahnstrecke, aber noch eine Station über Neusalza hinaus bis Taubenheim. Von hier fahren wir auf der daselbst einmündenden Sekundärbahn Taubenheim-Dürrhennersdorf in ½ Stunde über Oppach bis Beiersdorf. Der Bahnhof ist direkt an dem Fuße des zirka 500 Meter hohen Bieleboh gelegen. Fast mühelos erreicht man bei ganz geringer Steigung in kaum 20 Minuten Turm und Restauration. Die AUSSICHT, welche man vom Turme aus genießt, ist wundervoll, wenn auch nicht so umfassend wie von seinem benachbarten Rivalen, den Czorneboh, aber jedenfalls ist es ein Landschaftsbild von einer seltenen Lieblichkeit.

Der 1883 erbaute, steinerne, 12 Meter hohe Aussichtsturm hat inkl. der Restauration einen Kostenaufwand von 18000 Mark erfordert. Letztere ist zweckmäßig eingerichtet. Sie enthält in ihren oberen Räumen ein altdeutsch eingerichtetes Zimmer und ist unstreitig eine der schönsten Bergrestaurationen. Was den Ausblick vom Turme betrifft, so ist dieselbe nur in der Richtung nach Norden durch den vorliegenden Czorneboh beschränkt. Beide Berge sind durch das sich lang hinziehende Cunewalder Thal von einander getrennt. In gerader Richtung der Kirche von Cunewalde werden die Türme der Bautzner Peterskirche sichtbar. Besonders schön ist die Aussicht nach Süden (der ferne Mileschauer, hohe Schneeberg u.s.w.) und nach Osten. Daß die Rundsicht ziemlich umfangreich ist, kann man schon daraus entnehmen, daß man bei reiner, klarer Luft nicht weniger als 14 Aussichtstürme erblicken kann. Es sind dies die vom Czorneboh, der Landeskrone, des Löbauer Berges, des Herrnhuter Hutberges, des Kottmar, des Oderwitzer Spitzberges, des Jeschken, des Hochwaldes, der Lausche, des Tannenberges, des Jüttelsberges, des spitzen Wolfsberges, des Thomaswaldes (Tanzplan) und des Valtenberges. Bei besonders günstiger Aussicht will man an der Landeskrone vorbei die Türme der Görlitzer Peterskirche gesehen haben.

Czorneboh

Wer eine anstrengende Tagespartie nicht scheut, kann vom Bieleboh nach Cunewalde wandern und von hier aus in etwa 1½ Stunde den Czorneboh besteigen. Da der Berg steil zum Thale abfällt, ist der Aufstieg weniger bequem, auch ist es ungewiß, ob man noch rechtzeitig wieder in Cunewalde eintreffen wird, um von hier aus die Sekundärbahn bis Groß-Postwitz und weiter über Wilthen nach Zittau zu benutzen (Fahrkarte III. Kl. bis Neusalza 1 Mark 20 Pf.) Wir wählen daher lieber die Bahnfahrt über Herrnhut-Löbau (Rückfahrkarte III. Kl. 1 Mark 90 Pf.) bis zur Station Pommritz.

Die Fußwanderung von hier aus über Hochkirch und Wuischke auf den 554 Meter hohen Czorneboh erfordert 1½ Stunde. Die Richtung des Aufstiegs ist markiert. Auf dem mit Wald bedeckten Rücken des Czorneboh, dessen wendischer Name »schwarzer Gott« bedeutet (Bieleboh »weißer Gott«), ragen Granitfelsen empor, welche Tempelmauern, Kanzeln und Altären ähnlich sind. Der Weg über Wuischke führt zunächst auf die östliche Kuppe. Weiter westlich erregt besonders ein Felsen neben dem Turme unsere Aufmerksamkeit, Teufelsaltar genannt, auf dem die Opferfeuer brannten. Weiterhin, hinter der Restauration, erblicken wir die Teufelskanzel, noch weiter westlich das sogenannte Teufelsfenster. Es ist dies eine Steinspalte, durch welche die heidnischen Priester der Sorbenwenden das Orakel befragten, weshalb der Berg in vorchristlicher Zeit prasica, Frageort genannt wurde. Der Kessel ist ein großer Felsblock mit zwei Vertiefungen, in denen sich fast stets Wasser befindet.

Die Rundsicht von dem steinernen, 1850 erbauten Turme, dessen vier Seiten die Himmelsrichtungen anzeigen, darf sich mit dem Panorama der schönsten Aussichtspunkte der deutschen Mittelgebirge messen. Westlich erblickt man die Höhen der sächsischen Schweiz und östlich das Iser- und Riesengebirge und den größten Teil der Ober- und Niederlausitz; im Vordergrunde das Schlachtfeld des Überfalls bei Hochkirch und weiterhin zwischen Bautzen mit seinen altertümlichen Türmen und Löbau das der Schlachten bei Bautzen am 20. und 21. Mai 1813. Im Hintergrunde fällt der Blick auf die an Kiefergebüsch reichen Niederungen der sächsischen und preußischen Heidegegenden mit ihren zahlreichen Teichen. Am nordwestlichen Horizont erscheint Kamenz mit seinem Hutberge und im Süden, rechts vom Löbauer Berge, das Zittauer Gebirge, welches Sachsen von Böhmen scheidet. Am Südabhange des Gipfels sieht man noch Überreste eines Walles der Sorbenwenden, welcher wahrscheinlich einen frühern Opferplatz einschloß.

Valtenberg

Der VALTENBERG bietet nächst der Lausche und dem Hochwalde nicht bloß unter den Bergen des Lausitzer Gebirges, sondern auch unter denen von ganz Sachsen die umfassendste Rundsicht, da er sich an der Südwestfront des Gebirges erhebt. Von der Bahnstation Nieder-Neukirch der Zittau-Bischofswerdaer Linie (Rückfahrkarte III. Kl. 3 Mark) ist der 587 Meter hohe Berg auf gutem Wege in ¾ Stunde bequem zu ersteigen.

Das Gestein des Berges ist Granit, welcher auf der südlichen Seite oft in sehr großen Blöcken erscheint. Außerdem findet man hier auch basaltischen Grünstein in großer Menge, welcher die Eigenschaft hat, die Magnetnadel in Bewegung zu setzen. Auf dem Gipfel, den man auch zu Wagen erreichen kann, befindet sich eine gute Restauration, in welcher man Gelegenheit hat, zu übernachten, mit Stallung. Seit 1856 ist auf der Mitte des Gesellschaftsplatzes ein steinerner, 25 Meter

Der VALTENBERG war jedenfalls schon in grauer Vorzeit ein viel besuchter Punkt. Auf ihm loderten die Opferfeuer der alten Sorbenwenden. Hier verbrannten sie auch ihre Toten. Zahlreiche Steinhaufen, welche westlich zu sehen sind, haben sich bei genauerer Untersuchung als Gräber erwiesen, welche Asche, Knochenreste und Kohlen enthielten. Eine halbellige Schicht von Holzkohle, welche sich auf dem Gipfel vorfand, war jedenfalls die Stelle der einstigen Opferstätte. Ebenso erinnern daran die Reste eines Ringwalles. Gewöhnlich befanden sich die Begräbnisplätze jener Zeit, in welcher man nach heidnischem Brauche die Körper der Verstorbenen, wie bereits erwähnt, verbrannte und die Asche in irdenen Krügen beisetzte, in der Nähe der Opferstätten. Wallfahrten, welche die Bewohner der Umgegend noch in neuerer Zeit am Himmelfahrtstage auf den Valtenberg unternahmen, scheinen Überbleisel jenes alten heidnischen Gottesdienstes zu sein.
Die gefundenen Reste einer Ringmauer und eine Kelleröffnung auf der nördlichen Seite des Berges bringt eine durch nichts beglaubigte

Sage mit zwei Brüdern in Verbindung. Diese wären im Besitze der beiden Rittergüter Neukirchs gewesen und hätten Beide sich Burgen erbaut. Der eine, Valentin, auf dem Valtenberge, der andere, Ruprecht, auf dem gegenüber liegenden Ruprechtsberge. In einer gegenseitigen Fehde sollen beide Burgen zerstört worden sein. Von dem Ritter Valentin habe der Valtenberg seinen Namen erhalten. Aus einem ehemaligen Stollenmundloche, welches von früher hier betriebenem Bergbau herrührt, fließt die Hauptquelle der Wesenitz. Hier sollen einst die Venediger nach Gold gesucht haben. Auch die Entstehung des Bach- und Dorfnamens »Goldbach« führt man auf jene venetianischen Goldsucher zurück. Wolfsgruben an der nördlichen Lehne des Berges erinnern daran, daß sich in hiesiger Gegend noch vor zwei Jahrhunderten Wölfe vorfanden. — An Stelle der ersten, am 18. April 1859 abgebrannten Restauration befindet sich die gegenwärtige, welche auch im Winter bewohnt wird. Da auch der Valtenberg in Kriegszeiten, ähnlich wie es bei den Felsenklüften der sächsischen Schweiz zur Zeit des verheerenden dreißigjährigen Krieges oft der Fall war, als Zufluchtsort vor den wilden Kriegerscharen von den Umwohnern aufgesucht worden ist, so sei hier einer Episode aus dem Jahre 1813 gedacht. — Als die Armee der Verbündeten sich im Mai 1813, verfolgt von den Franzosen unter Marschall Macdonald, von der Elbe in Richtung Bautzen zurückzog, hörten die Bewohner von Bischofswerda mit bangen Gefühlen den immer näher und heftiger dröhnenden Kanonendonner. Die Zahl der verwundeten Russen, welche man am 12. in die Stadt brachte, nahm immer mehr zu, und die Gefahr wurde immer drohender. Jetzt flüchteten die wenigen noch zurückgebliebenen Bewohner mit Weib und Kind zum Theil nach dem Valtenberge, wo sie bereits gegen 50 Unglücksgefährten aus Bischofswerda und viele Bewohner der benachbarten Dörfer, welche mit ihrem Vieh geflüchtet waren, vorfanden. Man zündete Feuer an, um zu kochen oder sich zu wärmen, denn ein feiner Regen fiel die Nacht hindurch. Nicht lange, so färbte eine unheimliche Röte den Himmel. Sie verkündete ihnen den Brand ihrer unglücklichen Vaterstadt. Nachts 11 Uhr erschien die ganze Stadt als ein wogendes Flammenmeer. Der brennende Turm der Stadtkirche leuchtete weithin durch die Nacht. — Am Morgen des 13. Mai war bloß noch ein glimmender Trümmerhaufen vorhanden. Bischofswerda war bis auf drei kleine Häuser vollständig vernichtet. Von der Höhe des Berges erblickten die unglücklichen Flüchtlinge mit Angst und Entsetzen die in Trümmern liegende Stadt. Eine weiße Rauchwolke, aus welcher die Ruine des Kirchturmes emporragte, stieg dort auf, wo die Häuser der Flüchtlinge gestern noch gestanden hatten. Noch mehrere Tage mußte man hier im Walde ausharren.

Bereits am Anfange des Jahrhunderts wollte Baron von Huldenberg, der Besitzer von Neukirch, hier einen TURM erbauen. Der Platz war schon abgesteckt, als das Unternehmen durch seinen Tod vereitelt wurde.

hoher Aussichtsturm errichtet, dessen Einweihung am 1. Juli 1857 erfolgte. Ein Medaillonbild mit einer Gedenktafel erinnert an König Johann. Schon Götzinger in seinem Buche über die Sächsische Schweiz empfiehlt die Errichtung eines Schauturmes auf dem Valtenberge. Man genießt von dem Turme eine wahrhaft großartige AUSSICHT, zumal auch ein Frauenhofersches Fernrohr zur Verfügung steht.

Gegen Osten erblickt man das sich lang hinziehende Dorf Neukirch. An der Nordseite hin breitet sich eine mit wendischen Dörfern bedeckte Ebene aus, wo der wichtigste Punkt die Stadt Bautzen ist, deren Fenster vom Turm aus gesehen uns beim Scheine der Sonne entgegenblitzen. Ganz besonders schön ist die Aussicht auf die Berge der sächsischen Schweiz.

Die vielen Bergspitzen in der Nähe und Ferne, die des Riesengebirges, des Lausitzer- und Erzgebirges u.s.w. einzeln aufzuzählen dürfte nicht notwendig sein, da die Aussichtspunkte des herrlichen Panoramas auf den Zinnen des Turmes markiert sind.

Der Tanzplan

Beim Besuche des Tanzplan auf dem Thomaswalde zwischen Nixdorf und Sebnitz fährt man mit der Bahn über Warnsdorf nach Seifhennersdorf (Rückfahrkarte III. Kl. 1,60 Mark), dann Fußwanderung nach Rumburg (1 Stunde), hierauf Bahnfahrt über Schluckenau bis Nixdorf.

Die Partie auf den 599 Meter hohen TANZPLAN ist einer der lohnendsten Ausflüge in das Gebiet des sächsisch-böhmischen Grenzgebirges. Da neuerdings eine Fahrstraße auf den Berg führt, so kann man zu Wagen bis vor den Turm gelangen. Die Entfernung von Nixdorf aus beträgt ¾ Stunden. Der Weg im Walde ist übrigens gut markiert. Der Tanzplan befindet sich auf dem höchsten Punkte des Thomaswaldes und ist eine kleine, von hochstämmigen Nadelbäumen umsäumte Waldblöße, auf welcher der Gebirgsverein Nixdorf mit großem Kostenaufwande Turm und Wegeanlagen geschaffen hat. Neben dem Turme ist die gute Sommerrestauration, welche auch Nachtlager gewährt. Sie ist kürzlich um den Preis von 4414 Gulden in den Besitz des Gebirgsvereins übergegangen. Der Turm ist ein Holzbau von 7 Stockwerken. Der Ausblick von ihm bietet eine der herrlichsten Rundsichten.

Besonders prächtig ist der Anblick der im Westen und Südwesten gelegenen SÄCHSISCHEN SCHWEIZ, die sich in all ihrer Großartigkeit und eigenartigen Formenschönheit vor unseren staunenden Augen aufbaut und gerade hier mit ihren Kuppen und Felszinken uns in unmittelbare Nähe gerückt ist. Gleichsam kulissenartig erscheinen die langen Züge der Berg- und Felswände hintereinander gestellt, dazwischen gähnen dunkle Schluchten, und darüber erheben sich die bekannten Höhen: großer und kleiner Winterberg, rechts hinter dem kleinen Winterberge die beiden Zschirnsteine, rechts von ihm die lange Kette der Schrammsteine. Rechts von diesen Papststein, Pfaffenstein und dann besonders ins Auge fallend Königstein und Lilienstein, zwischen denen sich die Elbe malerisch durchwindet. Westlich, ganz im Hintergrunde, zeigt sich der Bahnhof von Sebnitz mit großer Eisenbahnbrücke, rechts der Unger mit Turm bei Neustadt.

Den nördlichen Horizont begrenzt der Valtenberg (Turm); weiter folgt der ebenfalls betürmte Czorneboh. Vor diesem liegt Hainspach mit seinem schimmernden Teichspiegel.

Mehr im Osten erhebt sich hinter dem großen Dorfe Schönau der sargähnliche Botzen, von welchem links am Horizonte der Bieleboh, rechts der breite Rücken des Kottmar (Turm) und die Landeskrone bei Görlitz erscheinen. Im Osten erblicken wir zu unseren Füßen das langgestreckte Nixdorf und darüber hinaus den spitzen Wolfsberg (Turm), rechts vom Wolfsberge die lang sich hinziehende Finkenkoppe. Vom linken Hange derselben grüßt die Spitze der Lausche herüber. Links hinter der Lausche erscheint der Jeschken. Vor der Finkenkoppe zeigt sich als kleine, dunkle Kuppe der Tollenstein, während an der rechten Seite des vorgenannten Berges der höhe, gewölbte Tannenberg (Turm) aufsteigt.

Zwischen dem Tannenberge und den Höhen der Sächsischen Schweiz breitet sich im Südosten und Süden eine mächtige Gebirgswelt aus, welche mit ihren Kuppen, Felswänden und dem dunklen Waldschmucke ein eigenartig fesselndes Bild darbietet. Von den zahlreichen Berghöhen rechts vom Tannenberg mögen nur als besonders hervorragend genannt sein: die stumpfe Spitze des Kleis, der Kalteberg und Rosenberg mit ihren Türmen. Bei hellem Wetter sind über diese Bergwelt hinaus zwischen den Winterbergen der Geltsch bei Auscha und der Mileschauer sichtbar.

Die Fernsicht ins Iser- und Riesengebirge, welche z. B. die Lausche bietet, ist vom Tanzplan wegen der beträchtlichen Entfernung und der vorgelagerten Bergrücken sehr beschränkt. Dafür aber bietet der Thomaswald gerade das, was dem Lauschepanorama fehlt, eine vortreffliche Übersicht über die Sächsische Schweiz. Aus diesem Grunde ist der Besuch des Tanzplans den Touristen angelegentlich zu empfehlen. — Wenn man bei der Rückfahrt von Rumburg aus nicht die Fußwanderung nach Seifhennersdorf vorzieht, so kann man auch einen bereitstehenden Omnibus nach Varnsdorf benutzen.

Schloß Sichrow

Der Besuch dieses Schlosses ist sehr zu empfehlen. Von Zittau aus fährt man zunächst bis Reichenberg (Rückfahrkarte III. Kl. 1 Mark 60 Pf.) und dann mit der Bahn Reichenberg-Altpaka (3. Zone 40 Kreuzer, Sonntags Rückfahrkarte 70 Kreuzer) bis zur Station Sichrow.

Nicht bloß die Bahnfahrt von Zittau bis Reichenberg, sondern auch von Reichenberg bis Sichrow (Fahrzeit nicht ganz eine Stunde) ist interessant. Von Langenbrück macht die Bahn einen gewaltigen Bogen bis zur Station Reichenau-Gablonz. Rechts sieht man tief

Schon im 15. Jahrhundert stand hier eine Burg, welche im dreißigjährigen Kriege zerstört, später wieder aufgebaut, im Jahre 1740 von den Grafen Waldstein erworben und 1820 durch Kauf mit einem Flächeninhalte vom fast 13000 Hektar an die Familie Rohan überging. Der Stammvater derselben, welcher bereits am Anfange des 12. Jahrhunderts genannt wird, war ein Nachkomme der Herzöge der Bretagne. Seit 1808 zählen die Rohans zu den österreichischen Fürstenfamilien. Gegenwärtig ist Besitzer die Herrschaft Prinz Arthur von Rohan-Guémenée.
Der Bau des Schlosses wurde im Jahre 1820 begonnen. Der mit zwei Türmen geschmückte Prachtbau im englisch-gotischen Stil, dessen Herstellungskosten gegen 7 Millionen Gulden betragen haben sollen, enthält Säle und Zimmerdecken von herrlicher Stuckarbeit, prachtvolle Tapeten, kunstreich geschnitztes Holztafelwerk. Zuerst besichtigt man das Stiegenhaus mit den Büsten und Standbildern der Rohanschen Ahnen, den Waffensaal, den Empfangssaal, welcher wieder zahlreiche Ahnenbilder enthält. Im Speisesaal erblickt man das Bild des bekannten Kardinals Rohan. Auch das chinesische Kabinett und die Schloßkapelle enthalten zahlreiche Kunst- und Altertumsschätze, die Gänge Hirschgeweihe und ausgestopfte Vögel. Von der Waffen- und Geweihsammlung, auch von Gemälden soll neuerdings manches in fremde Hände übergegangen sein. — Nach dem Gefechte von Liebenau am 26. Juni 1866 nahm Prinz Friedrich Karl mit seinem Stabe und am 1. Juli Kaiser Wilhelm im Schlosse sein Quartier.

unten die später zu befahrende Bahnstrecke. Da der Bogen, welcher zurückzulegen ist, 13 Kilom., die Luftlinie dagegen bloß 4 Kilom. beträgt, bezeichnet man auch die Strecke mit dem Namen Klein-Semmering. Hinter der deutschen Stadt Liebenau beginnt die tschechische Sprachgrenze.

Bald erblicken wir das malerisch auf einer bewaldeten Anhöhe gelegene Schloss Sichrow. Vom Stationsgebäude führt der Weg links in ½ Stunde zum Schlosse. Wegen Besichtigung desselben hat man sich an den Schloßverwalter und hinsichtlich des Parkes an den Obergärtner zu wenden. Nach Besichtigung desselben bewundern wir den herrlich angelegten Park und

Garten mit vielen seltenen Pflanzen und Bäumen, in den Treibhäusern die berühmten Orchideen und höchst interessanten Palmen. Da die Hochebene, auf welcher sich das Schloß erhebt, wasserarm war, so mußte erst mit großen Kosten durch eine Wasserleitung das nötige Wasser aus dem Thale zur Höhe geführt werden. — Vom »Kronprinz Rudolfplatz« aus versäume man nicht die prachtvolle Aussicht auf das Jeschkengebirge, den Roll, den Eisenbahnviadukt u.s.w. in Augenschein zu nehmen. Sehenswert ist auch der im Thal gelegene, mit zahlreichen Damhirschen und Rehen bevölkerte Wildpark.

Schloß Waldstein und Groß-Skal

Die Bahnfahrt ist dieselbe als nach Sichrow, nur daß wir dieselbe jetzt bis Turnau ausdehnen müssen (Reichenberg-Turnau 4. Zone 50 Kreuzer, Rückfahrkarte Sonntags 90 Kreuzer). Auf dieser letzten Strecke der Fahrt erblicken wir südwestlich die Muskyhöhen, wo 1866 die österreichische Artillerie bei der Schlacht von Münchengrätz aufgestellt war. In Turnau angelangt, treten wir zunächst die Fußwanderung nach dem südöstlich gelegenen, eine Stunde entfernten Schloß Waldstein an. Eine der herrlichsten Gegenden Böhmens bewundern wir auf dem Wege dahin; wohin der Blick fällt, überall zeigen sich uns landschaftliche Schönheiten.

Wir betreten die Turnau-Gitschiner Straße, nach 25 Minuten zweigt rechts ein Fahrweg ab, welcher uns nach dem 10 Minuten entfernten Dorfe Pelleschau führt. Auf sehr schönem Fußwege gelangen wir dann durch Wald in ½ Stunde über zwei steinerne, mit Figuren von Heiligen geschmückte Brücken zu der auf steiler Felshöhe erbauten Burg Waldstein (389 Meter). Die Aussicht von der Terrasse ist schön. Auch bei dieser Burg sind, wie bei Bürgstein und Habichtstein, die Gemächer in Felsen gearbeitet. Schluchten der Sandsteinfelsen wurden überwölbt. Die aus Mauerwerk ausgeführten Teile der Burg entstanden jedenfalls erst später. Zu erwähnen sind auch der alte Brunnen und das Burgverlies, beide in den Sandstein gearbeitet, ferner die Kapelle und die mit Restauration versehene Wohnung des Kastellans, welcher die Führung übernimmt.

Die Burg soll bereits im 13. Jahrhundert von Zdenko von Waldstein erbaut worden sein. Sie ist die Stammburg des böhmischen Dynastengeschlechts Waldstein-Wartenberg, dem auch Albrecht von Waldstein (Wallenstein, Herzog von Friedland) angehörte. Später hatte die Burg mit Groß-Skal gleiche Besitzer, welche aber letztgenanntes Schloß bewohnten. Im Jahre 1821 ging Schloß Waldstein in den Besitz der Familie von Ährenthal über, welche die Kapelle, den Turm und einige Gemächer wiederherstellen ließen.

Wir verlassen Waldstein, um durch die großartigen Felsengebilde, welche an Adersbach erinnern, nach Gross-Skal zu wandern. Der Fahrweg oben, welcher ebenfalls dahin führt, ist weniger zu empfehlen. Die Sandsteinfelsen, in deren Höhlungen zahlreiche wilde Tauben nisten, zeichnen sich durch ihre Höhe und turmartige Form aus. Ehe wir noch das ziemlich eine Stunde entfernte Groß-Skal erreichen, kommen wir an dem zugänglich gemachten Marienfelsen vorüber.

Über zwei Brücken gelangt man zum Schloßhofe. Haben wir die erste überschritten, so treten wir in die ehemalige Vorburg ein. Ein hier befindliches Gebäude enthält unten Pferdeställe und oben Beamtenwohnungen. Von hier führt eine zweite gewölbte Brücke über eine tiefe Felsschlucht zu dem auf einem zirka 75 Meter hohen Felsen erbauten Schlosse Groß-Skal. In dem nördlichen Flügel befindet sich der alte, sehenswerte Rittersaal, von dessen Fenstern man in die steil abfallende Tiefe von zirka 70 Metern blickt. Die Wände desselben sind mit Porträts der Waldsteinschen Familie

Das Schloss Gross-Skal ist uralt. Da aber Brände, Belagerungen und Umbauten die Bauwerke der Vorzeit vernichtet haben, so erinnert der gegenwärtige, imposant auf steilem Sandsteinfelsen sich erhebende Bau nicht mehr an die Zeit, in welcher die Adelsgeschlechter Wartenberg-Waldstein und Smirzitzky hier residierten. Das gegenwärtige schöne, modern-gotische Schloß wurde von dem jetzigen Besitzer, Baron von Ährenthal, fast ganz neu erbaut. Nur der nördliche Flügel gehört noch dem frühern Baue an. Rechts vom Schlosse ist die Restauration, von deren Gärtchen man eine prächtige Aussicht auf die beiden auf hohen Felsen gelegenen Burgen Trosky und deren schöne Umgebungen hat. Links vom Schlosse erblicken wir die hübsche Josephskapelle, in welcher sich der damalige Besitzer, Graf Johann von Waldstein, eine Gruft hat erbauen lassen. Zwischen dem Pfarrhause und der herrschaftlichen Schmiede führt das enge, sogenannte »Mausloch«, von hohen Felsen eingeschlossen, auf 120 Stufen hinab ins Thal.

geziert. Unter denselben sind besonders die Albrechts von Waldstein, des Herzogs von Friedland, welcher 1621 die Herrschaft Groß-Skal erwarb, in Lebensgröße und jenes von Adam von Waldstein, des Prager Oberburggrafen, von Interesse. Der Stammbaum des Geschlechts befindet sich zwischen den östlichen zwei Fenstern. Ein riesiger, altertümlicher Ofen, dessen Kacheln, über 300 an der Zahl, mit Bildern geziert sind, trägt die Jahreszahl 1640.

Wir besteigen nun den Turm, der mit einer Galerie versehen ist. Hier erwartet uns eine prachtvolle Aussicht. Unter uns breitet sich das großartige Felsenlabyrinth aus, nach Nordosten fällt namentlich der lange Rücken des Kozakow ins Auge, östlich fern am Horizont erblicken wir das Riesengebirge, südöstlich den

Trosky, nordöstlich auf waldumkränzter Höhe Schloß Waldstein und rechts davon den Jeschken, nördlich die Felsen von Klein-Skal. — Durch das schon erwähnte »Mausloch« steigen wir hinab nach dem anmutig gelegenen KALTWASSERBADE WARTENBERG (¼ Stunde). Kaum dürfte es in den Sommermonaten einen angenehmeren Aufenthalt geben als dieses Bad, denn selten ist eine Gegend so reich an Naturschönheiten als diese Umgegend von Groß-Skal. Die nahe Fahrstraße führt uns in einer Stunde wieder nach Turnau zurück. (Ausführlicher bespricht Bernau im »Gebirgsfreund« 1890 Groß-Skal).

Kopainberg, Ruine Friedstein, Klein-Skal

Auch bei dieser Partie benutzen wir die Zittau-Reichenberger Bahn (Rückfahrkarte III. Kl. 1 Mark 60 Pf.). Von Reichenberg fahren wir bis zur Station Reichenau (2. Zone III. Kl. 25 Kreuzer, Sonntagsrückfahrkarte 40 Kreuzer). Von der Bahnstation aus gehen wir in ¼ Stunde nach dem Dorfe Reichenau, wandern hier eine kleine Strecke weiter, überschreiten auf einer Brücke den Dorfbach und gelangen dann rechts auf einen Fahrweg, welcher nach dem auf der Höhe gelegenen Dörfchen Gaschen führt.

In ½ Stunde ist der KOPAINBERG erreicht. Obwohl derselbe die Höhe von 655 Metern erreicht, so macht er doch nicht den Eindruck eines Berges, sondern mehr einer Hochebene. Der Blick von hier aus über das Iserthal, das Isergebirge, auf das schroff abfallende Riesengebirge, nach Südosten auf den langgestreckten Rücken des 722 Meter hohen Kozakow, auf Klein-Skal und den Jeschken, westlich links von ihm auf den Roll, rechts von diesem auf den spitzen Kleis, den Tannenberg und die Spitze der Lausche ist schön. Südwestlich haben wir den zweizinkigen Trosky und die Bösige. Im Vordergrunde breitet sich in einem Thalkessel eine Landschaft aus, so lieblich und eigenartig wie nirgends in der ganzen Umgegend. Wild geklüftete Felsengebilde ziehen sich südlich bis zur Iser hin. Vom Kopainberge aus erreichen wir in ½ Stunde über die Mandlschenke Ruine Friedstein (655 Meter). Wir befinden uns hier bereits auf tschechischem Gebiete. Der Aufstieg ist wenig beschwerlich. Imponierend ragt der noch sehr gut erhaltene Wartturm in ansehnlicher Höhe empor. Auch das Mauerwerk hat noch wenig durch die Zeit gelitten. Wir betreten den südlichen Teil der Ruine. Die Aussicht von hier in die düstere Waldgegend, die zerklüfteten Sandsteingruppen von Klein-Skal, der Blick nach dem Kozakow, die Trosky u.s.w. ist sehr lohnend.

Über das Dorf Friedstein wandern wir nun durch das Wranower Thal in das Thal der Iser. In ½ Stunde haben wir das an der Iser liegende Klein-Skal erreicht.

Die Burg [Friedstein] ist seit dem Jahre 1447, in welchem sie von den Sechsstädten der Oberlausitz zerstört wurde, Ruine. Sie ist wie Bürgstein, Habichtstein und Waldstein ebenfalls zum Teil in den Sandsteinfelsen hineingebaut; so sieht man z.B. heute noch im Burgraume die in den Felsen gehauenen Pferdeställe. Die Burg Wranow ist sehr alt. Die Sechsstädte zerstörten sie in demselben Jahre wie Friedstein. Wieder aufgebaut, wurde sie im Jahre 1468 durch König Georg Podiebrad zum zweitenmale zerstört. Als Albrecht von Waldstein die Herrschaft Klein-Skal um den Betrag von 50000 Gulden erwarb, bildete sie einen Bestandteil des Herzogtums Friedland.

Um das Felsenpantheon zu besuchen, wende man sich an den Schloßgärtner, welcher die Führung übernimmt (40 Kreuzer). Im Pantheon erblicken wir Reste der Burg Wranow und der Kapelle. Auch diese Burg war im Besitze der Waldstein. Das Pantheon ist reich, fast zu reich an Denkmälern und Inschriften, welche dem Andenken großer Männer gewidmet sind. Auf dem höchsten, mit einem Kreuze versehenen Punkte hat man eine prächtige Aussicht auf das romantische Iserthal, welches man tief unten erblickt, jedoch ist der Aufstieg nur schwindelfreien Personen zu empfehlen. — Über Turnau fahren wir nach Reichenberg (5. Zone 65 Kr.) und Zittau zurück. Die Fahrt führt zunächst am linken Ufer der Iser hin. Die Strecke von Eisenbrod bis Turnau zeichnet sich durch landschaftliche Schönheit aus.

Burgruine Mühlstein und Eisgrotte

Bei dem Besuche der Eisgrotte und der Ruine Mühlstein fahren wir mit der Oybin-Jonsdorfer Bahn bis zu dem Endpunkte derselben in Jonsdorf (Rückfahrkarte III. Kl. vom Bahnhofe 90 Pf., Zittau-Vorstadt 60 Pf.) Von der Haltestelle gehen wir links auf der Dorfstraße in der Richtung nach dem Mühlsteinbruche, an dem sächsischen Zollamte und der Mühlsteinfabrik vorüber nach dem böhmischen Dorfe SCHANZENDORF und dem anschließenden Krombach. In JULIUSTHAL kreuzen wir die Waltersdorf-Zwickauer Straße. — Wir gehen geradeaus und haben in 20 Minuten die zu dem Dorfe HOFFNUNG gehörende Hammermühle erreicht.

Dieselbe liegt sehr schön in einem rings von Wald umgebenen Thale. Unter schattigen Linden rasten wir hier, um uns zu erfrischen. — Da wir die ½ Stunde entfernte Eisgrotte am Dürrberge in Augenschein nehmen wollen, so erbitten wir uns einen Führer, der sich mit einer Leiter und Kienspänen zu versehen hat.

Die Grotte ist gegen 20 Meter tief, 3 Meter breit und 5 Meter hoch. Wir steigen hinunter, nachdem die Leiter hinreichend befestigt ist. Es gewährt einen eigentümlichen Anblick, wenn im heißen Sommer die mit Eis überzogene Decke und Wände, beleuchtet von den brennenden Kienspänen, prächtig glitzern. In der Grotte halte man sich rechts, da links das den Boden bedeckende Wasser eine ziemliche Tiefe hat. Obwohl man nach der Besichtigung des Dürrberges, von dem man eine prächtige Aussicht auf die Umgegend hat, nach der Ruine Mühlstein fortwandern kann, so ist es doch anzuraten, da ein Verirren nicht ausgeschlossen ist, wieder zur Hammermühle hinabzusteigen.

Wir gehen auf der nach Hoffnung führenden Straße weiter bis zur Mühlsteinfabrik. Links von dieser gelangen wir in den Wald, durch den ein Fahrweg zu dem Mühlsteinbruche führt. Unmittelbar bei dem Bruche erblicken wir die geringen Überreste der Ruinen der einst mit gewaltigem Mauerwerk versehenen Burg Mühlstein. Die in düsterem Walde versteckte Burg ist ein Bild wilder Romantik. Von ihr ist nur ein Thor und ein Teil der Brustwehr erhalten. Noch 1793 krönte ein hoher Wartturm den südwestlichen Felsen, der einen hübschen Blick auf die Umgegend gewährt. In einer Felsengrotte befanden sich die Wohngelasse der Knappen und die Pferdeställe. Eine prächtige alte Buche beschattet jetzt den Platz.

Die im 13. Jahrhundert erbaute Burg war im Besitze der mächtigen, in Nordböhmen reichbegüterten Familie Berka von der Duba. Um 1380 wurden hier gegen Entrichtung eines Zolles 16 bis 18 Mann unterhalten, welche zum Schutze der alten Leipaer Straße dienten und die Zittauer Tuchwagen geleiten sollten. Oft kam es dessenungeachtet zu Kämpfen mit den Raubrittern des Oybins und zu Plünderungen der Kaufmannsgüter. Zur Zeit des Hussitenkrieges hielten die Burgherren, die Berka von der Duba, treu zu den Sechsstädten der benachbarten Oberlausitz und schickten Boten nach Zittau, wenn hussitische Einfälle drohten. Zerstört wurde die BURG MÜHLSTEIN im Jahre 1468.

Wir begeben uns auf den Rückweg, und um ein Irregehen zu vermeiden, wenden wir uns wieder der Hammermühle zu und langen auf demselben Wege, auf dem wir hierhergelangten, in 2½ Stunden in Jonsdorf an.

Kalteberg, Nolde, Kamnitzer Schloßberg

Gedenkt man die Partie nach dem Kalteberge zu unternehmen, so fährt man über Warnsdorf (Rückfahrkarte III. Kl. 90 Pf.) mit der böhmischen Nordbahn bis Station Kreibitz-Neudörfel (2. Zone 20 Kreuzer). Von hier geht man in 40 Minuten nach dem Städtchen Kreibitz und in 1¼ Stunde unter Mitnahme eines Führers über Wiesen auf den 731 Meter hohen KALTEBERG. Derselbe ist auf der obern Hälfte mit Bergahorn und anderm Laubholz bewachsen und besteht aus Basalt. Den 16 Meter hohen Aussichtsturm verdankt man den Bemühungen des Gebirgsvereins für die böhmische Schweiz. Zur Plattform führt eine Treppe mit 92 Stufen. Für den Eintritt sind 10 Kreuzer zu entrichten. Neben dem Turme befindet sich eine im Auftrage des Fürsten Kinsky im Schweizerstil erbaute Restauration. Sie wurde am 14. Mai 1893 eröffnet. — Die großartige Aussicht schildert Th. Schäfer in seinem »Führer durch Nordböhmen« wie folgt.

»Nach Nord und Nordost erblickt man im Vordergrunde das sich lang hinziehende Kreibitz; rechts hinter demselben (anschließend) Neudörfel und den Bernsdorfer Teich und darüber hinaus den Kottmar (Turm) und rechts von ihm am Horizont die Landeskrone bei Görlitz; hinter Nieder-Kreibitz Altdaubitz (Kirche) und den spitzen Wolfsberg bei Rumburg (Turm); links hinter demselben den Plissen, Pirsken und Botzen; rechts vor Altdaubitz den Irichtberg und rechts über diesen hinaus den Czorneboh. Rechts über Ober-Kreibitz dominiert der Tannenberg; vor demselben liegt der sargähnliche Schöber, links vor dem Schöber der zweigipfelige Himpelberg. Gerade über die Restauration hinwegschauend erblickt man den kleinen Ahrenberg (Vordergrund) und hinter diesem den großen Ahrenberg (Schroffabfall der Kuppe); zwischen letzterem und dem Himpelberge (in gleicher Entfernung) der Schindelhengstberg, über diesen hinaus der kleine und große Eibenberg und über letzterem die Finkenkoppe (langer Rücken), über welche die Lausche hereinschaut. Wenig links hinter dem großen Ahrenberge (Osten) der spitze Hackelsberg und der höhere Friedrichsberg; zwischen beiden, weiter entfernt, der Hochwald (Turm); rechts über den Ahrenberg hinaus am Horizont der Jeschken. Näher Falkenau (Kirche) und rechts darüber der hohe, spitze Kleis. Im Südosten dominiert der mächtige Rollberg (Ruine). Zwischen diesem und dem Kleis der Dewin (Ruine) bei Wartenberg. Rechts folgt der doppelgipfelige Bösig (Ruine) und im Vordergrunde der Fisch- oder Goldberg; rechts hinter diesem der spitze Preschkauer oder Mittenberg und der sargähnliche Steinschönauer Berg, über ersteren hinaus der Spitzberg bei Böhmisch-Leipa (mit Turm); rechts hinter dem Steinschönauer Berge der lange Rücken des Koselberges (Süden), über welchen der hohe Wilschberg hereinschaut; rechts davon über den Kamnitzer Schloßberg hinaus der spitze Ronberg (Ruine), dann folgt der hohe Geltsch. Im Südwesten die zahlreichen Höhen des Mittelgebirges, darunter der Mileschauer, der Schroffabfall des Erzgebirges und der Schneeberg (Turm) folgen weiter rechts.

Genau im Westen dominiert der Rosenberg; rechts dahinter die Zschirnsteine; in der Lücke zwischen Zirkelstein und Kaiserkrone der Papststein; über die Kaiserkrone hinaus der Lilienstein, weiter rechts der große Winterberg (Turm) und der weiße Pavillon am kleinen Winterberge. Im Nordwesten Kaltenbach unten am Fuße des Berges, darüber der Kreuzberg bei Rennersdorf und die Kette der Dittersbacher Felsen; rechts über diese hinaus der Valtenberg (Turm).«

Noch bis vor kurzem konnte man am nordwestlichen Abhange des Kalteberges eine riesige Tanne bewundern, welche in Kirchturmshöhe emporragte. Man nannte sie Fürstentanne. Schon im Jahre 1812 war sie ihres Wipfels durch einen Sturm beraubt worden. Die an der Wipfelbruchstelle nach und nach eindringende Nässe brachte sie dem Eingehen nahe, so daß sie gefällt werden mußte. Ihre Höhe betrug ohne die Länge des ursprünglichen Wipfels über 50 Meter, der Durchmesser 2,52 Meter und ihr Umfang 7,9 Meter.

Den Jahresringen nach schätzte man das Alter des Baumes auf 380 Jahre.

Den Rückweg treten wir über Kamnitz an. In 20 Minuten erreicht man auf gutem Wege das anmutig gelegene Dorf Hasel. Wir gehen auf der Straße rechts durch das Dorf hinab. Nach 20 Minuten gelangen wir auf die Kaiserstraße und wandern auf dieser rechts abwärts weiter. Nach 8 Minuten, bei einem Kruzifix, gehen wir die Straße links am Noldenteiche vorüber. Bald führt uns rechts ein markierter Weg nach dem Brüderaltare, welcher im ersten Jahrhundert nach Beginn der Reformation den Katholiken der Gegend, welche nicht Anhänger der neuen Lehre waren, als heimlicher Versammlungsort und Andachtsstätte diente. In etwa ½ Stunde langen wir bei den zackigen Felsspitzen an, welche man nach ihrer eigentümlichen Form Nadel- und im Volksmunde NOLDEFELSEN (478 Meter) nannte. Man hat von hier einen prächtigen Blick nach Süden und Westen. Über den Wüsteschloßberg hinaus sieht man den Kleis und im Hintergrunde den hohen Geltsch, im Südwesten den Mileschauer und westlich den hohen Schneeberg.

Unten am Berge erblickt man das Städtchen BÖHMISCH-KAMNITZ. Bald erreicht man dasselbe, und nach einer Ruhepause in einem der Gasthöfe (Schwarzes Roß) unternehmen wir noch den Ausflug nach dem KAMNITZER SCHLOSSBERGE mit Ruinen. Auch hier befindet sich ein Aussichtsturm und Terrassenanlagen. Die Restauration wird nur Sonntags bewirtschaftet. Auch auf diesem 538 Meter hohen Gipfel ist die Aussicht lohnend. Südöstlich erblickt man das hochgelegene Steinschönau und hinter diesem den spitzen Kleis, nordöstlich den Kalteberg, südlich die Ronburg, den

Wilschberg, weiter rechts den Georgberg bei Raudnitz, südwestlich den hohen Geltsch, westlich zeigen sich die hohe Wostroy, der Mileschauer und der Teplitzer Schloßberg. Am fernen Horizont sehen wir das Erzgebirge mit dem Mückentürmchen, den Schneeberg und die Zschirnsteine; nordwestlich unten am Fuße des Berges Kamnitz, im Hintergrunde den Rosenberg, den Lilien- und Königstein und andere Berge der sächsischen Schweiz; am äußersten Horizont den Valtenberg und im Norden den Wolfsberg.

Die Burg war im Besitze der mächtigen Familie Wartenberg. Auch von hier aus wurde zur Zeit der Wartenberger Fehde Zittau und Umgegend vielfach beunruhigt. Von den Sechsstädten der Oberlausitz wurde sie im Jahre 1444 wie verschiedene andere Raubburgen zerstört.

Wir verlassen den Kamnitzer Schloßberg und begeben uns – der Auf- und Abstieg erforderte 2 Stunden – auf den Bahnhof Kamnitz und treten die Rückfahrt über Kreibitz – Warnsdorf (5. Zone 50 Kreuzer) nach Zittau an.

Wolfsberg

Die Bahnfahrt ist dieselbe als bei der Partie nach dem Kalteberge, nur eine Station weiter, nämlich bis Schönlinde (Warnsdorf – Schönlinde 3. Zone 30 Kreuzer). Man erreicht den herrlichen Aussichtspunkt von Schönlinde aus auf der Straße über Schönbüchel und Gärten in 1½ Stunde. Der Aufstieg erfolgt auf den durch seine regelmäßige Kegelform auffallenden, 588 Meter hohen WOLFSBERG auf einem höchst bequemen Promenadenwege. Der Berg besteht aus Basalt, welcher die Granitplatte durchbrochen, in riesigen Blöcken und 5- bis 7-seitigen Basaltsäulen den Gipfel und die Abhänge des Berges bedeckt. Der granitische Gebirgsrücken, auf welchem er sich erhebt, bildet die Wasserscheide zwischen Oder und Elbe und daher zwischen Nord- und Ostsee.

Als der Verfasser des Buches vor zirka 40 Jahren den Wolfsberg besuchte, gewährte derselbe ein vollständiges, prächtiges Panorama; bei einem zweiten Besuche, 15 Jahre später, war dies nicht mehr der Fall. Erst in neuerer Zeit, als der Gebirgsverein für das nördliche Böhmen die Spitze des Wolfsberges zugänglich zu machen beschloß, wurden die Bäume, welche der Aussicht hinderlich waren, niedergeschlagen und im Jahre 1888 ein 12 Meter hoher, massiver Aussichtsturm und im nächsten Jahre eine Restauration erbaut. Der Ausblick

Den herrlichen AUSSICHTSPUNKT würdigte man schon vor hundert Jahren, denn bereits damals ließ der Besitzer der Herrschaft Hainspach, Altgraf Salm, zu welcher der WOLFSBERG gehört, einen bequemen Weg auf denselben, versehen mit Ruhebänken, herstellen, und der Aussicht wegen auf der höchsten Kuppe die Bäume niederschlagen.

vom Turme ist großartig, namentlich nach der Richtung der böhmisch-sächsischen Schweiz.

Im Süden zieht sich das am Fuße des Berges liegende Dorf Wolfsberg hin, an dasselbe schließen sich die Häuser von Langegrund, Khaa und Daubitz an. Besonders ins Auge fallen der Iricht- und Kalteberg, rechts der Kamnitzer Schloßberg und fern am Horizont der Geltsch; über Zeidler und das Kirnitzschthal zeigen sich die Felsen der Dittersbacher Schweiz, und hinter diesen erhebt sich imponierend der Rosenberg. Bei besonders klarem Wetter taucht auch die ferne Kuppe des Mileschauer auf; rechts von diesem der hohe Schneeberg und im Hintergrunde der Kamm des Erzgebirges mit dem Geising. Prächtig ist der Blick westlich auf die Höhen der sächsischen Schweiz. Man sieht die Zschirnsteine, Winterberge, die Schrammsteine, König- und Lilienstein. — Nordwestlich erblicken wir die Schweizerkrone, den Tanzplan, den Unger und den Valtenberg. In nordöstlicher Richtung über Rumburg bemerkt man den Mönchswalder Berg bei Bautzen, den Czorneboh, den Bieleboh, den Jüttelsberg, weiter links Löbau, den Löbauer Berg, den Rotstein und den Kottmar, seitwärts das hochgelegene Dorf Schönborn, einen Teil von Warnsdorf und im Hintergrunde die höchsten Gipfel des Iser- und Riesengebirges; näher nach rechts den Jeschken. — Südöstlich treten über zahlreichen Ortschaften des Vordergrundes die Lausche, der Tollenstein, Tannenberg und Kleis besonders hervor.

Für den Rückweg ist der nach Khaa führende, an schönen Blicken reiche Weg (1 Stunde) zu empfehlen. Über Neu-Daubitz gelangt man dann in 1½ Stunde zur Bahnstation Kreibitz-Neudörfel (Teichstatt), von wo wir die Rückreise nach Zittau antreten.

Dittersbacher Schweiz

Da wir die Dittersbacher Felsen besuchen wollen, so fahren wir wieder mit der böhmischen Nordbahn, und zwar bis Kreibitz-Neudörfel und mit dem Omnibus (20 Kreuzer) nach der Stadt Kreibitz. Wir sehen von einer Fahrt zu Wagen (Zweispänner 4 Gulden) ab und wandern in zwei Stunden auf der Kreibitzer Straße über Nieder-Kreibitz durch Wald nach dem hochgelegenen Rennersdorf (1 ¼ Stunde) und nach Dittersbach.

Während jetzt die Dittersbacher Schweiz ihrer wundersamen Felsengebilde und landschaftlichen Schönheit wegen jährlich von Tausenden besucht wird und Dittersbach auch als Luftkurort beliebt ist, war dies vor zirka 40 Jahren durchaus nicht der Fall. Damals gab es nur ein empfehlenswertes Gasthaus, das Erbgericht, und jetzt zählt es eine Anzahl schöner Hotels. Nur ausnahmsweise lenkte damals ein Besucher der sächsischen Schweiz vom Prebischthor aus seine Schritte nach Dittersbach. — Da ein Verirren in dem umfangreichen Felsen- und Waldgebiete mit Gefahren verbunden ist, so nehme man einen Führer mit und versehe sich mit Proviant.

Wir treten unsere Wanderung an. In ½ Stunde erreichen wir den Falkenstein. Hier befand sich früher eine Raubburg, welche anfänglich zur Herrschaft Kamnitz gehörte. Sie wird mehrfach in Urkunden des Mittelalters erwähnt. Wie bei so vielen anderen Burgen Nordböhmens waren auch hier die Wohnungen in Felsen gehauen. Falze, Stufen, Vertiefungen etc. sind jetzt noch sichtbar. Eine schmale Holztreppe führt hinauf. Auch finden sich Spuren von einem Brunnen vor, der bedeutende Tiefe gehabt haben muß. Von hier gelangen wir durch den Hauswiesengrund in das prächtige Stammbrückenthal und an schroffen Felsbildungen vorüber. Bald erreichen wir BALZERS LAGER.

Verschiedene Inschriften, in den Felsen eingehauen, aus der Zeit des dreißigjährigen Krieges finden sich an verschiedenen Stellen vor. Da unter einer überhängenden Wand Steinsitze angebracht sind, so ruhen wir hier aus, denn der spätere Aufstieg zum Marienfelsen ist ziemlich steil. Ein in den Felsen gehauener Spruch: *»Wer ist der Meister? Der was ersann. Wer ist Gesell? Der was kann. Wer ist Lehrbursch? Jedermann«* erinnert an eine am 15. September 1856 stattgefundene Versammlung deutscher Forst- und Landwirte.

Auf der Wilhelminenwand, zu der wir jetzt aufsteigen, welche ihren Namen nach der Mutter des gegenwärtigen Fürsten Kinsky trägt, befindet sich ein Häuschen, zu welchem eine Brücke hinüberführt.

Der Blick von hier auf das unten liegende Dittersbach ist sehr schön. Wir erblicken den Kalteberg und über Dittersbach hinaus den Rosenberg, weiterhin den großen Winterberg. — Weiter führt uns der Weg zu dem spitzen Kegel des 427 Meter hohen MARIENFELSEN. Auch hier befindet sich ein Häuschen. Der prächtige Blick ist dem von der Wilhelminenwand ähnlich. Nur schwindelfreien Personen ist der Aufstieg anzuraten. Auf der Höhenzunge fortwandernd erreicht man in ¼ Stunde den schönsten Aussichtspunkt, den 480 Meter hohen RUDOLFSTEIN. Wir erblicken südwestlich den Rosenberg, den Schneeberg und rechts hinter demselben den Geising bei Altenberg, westlich die Höhen der sächsischen Schweiz: Zschirnstein, die Winterberge, nördlich den Turm des Tanzplans und den Wachberg, ferner den Valtenberg, nordöstlich den spitzen Wolfsberg, südlich den Kamnitzer Schloßberg, südöstlich den Kalteberg und Tannenberg. Da wir aus Zeitmangel weder das 1 Stunde entfernte Hinter-Dittersbach mit der Kirnitzschschenke noch die obere Schleuse besuchen können, so lenken wir unsere Schritte dem kaum ½ Stunde entfernten Jagdhause des Fürsten Kinsky, der BALZHÜTTE zu, wandern hierauf über Daubitz nach der Station Kreibitz-Neudörfel und fahren mit dem Abendzuge nach Zittau zurück.

Ehe man die Wanderung durch die Dittersbacher Felsen antritt, empfiehlt es sich, das Hotel Bellevue aufzusuchen. Es ist auf einer Anhöhe malerisch gelegen. Man hat von ihm aus einen wunderbar schönen Blick auf den unbesteigbaren Rabenstein, die Spitze des Marienfelsen, die Wilhelminenwand und die Felsenmasse des Rudolfstein. Auch der Blick auf das im Thale liegende Dittersbach, umschlossen von einem Kranze grüner Wälder, ist prächtig.

Als Partien, deren spezielle Beschreibung außerhalb des Rahmens dieses Führers liegen, die aber von Dittersbach aus leicht zu erreichen sind, dürften zu erwähnen sein: die obere Schleuse (Kahnfahrt), der Wachberg oder Kaiserkrone, die Edmundsklamm, das Prebischthor, der Rosenberg und die Grundmühle (Kahnfahrt).

GEOGRAPHISCHES REGISTER

Sorbisches Museum, Deutsch-Sorbisches Volkstheater, Haus der Sorben, 2002: 1000-Jahr-Feier der Ersterwähnung.

Beiersdorf - 121

Dorf nordöstlich von Oppach, an der Straße nach Löbau, Dorfkirche (1855) mit Renaissancealtar und Tauftisch (1657).

Bernstadt - 113

Kleinstadt südöstlich von Löbau, an der Verbindungsstraße Löbau-Ostritz gelegen, Erdachsenbrunnen auf dem Marktplatz

Berthelsdorf - 100ff

Dorf 2 km von Herrnhut, Pfarrkirche (1724), mit Rokoko-Altar, Schloß (1721/22) des Reichsgrafen Nikolaus von Zinzendorf (baufällig, ein Kulturverein engagiert sich für Sanierung und Nutzung), Umgebindehäuser

Bertsdorf - 40, 59

Dorf im Vorland des Zittauer Gebirges (Gemeinde Bertsdorf-Hörnitz), Pfarrkirche (1676), Umgebindehäuser

Berzdorf - 49

Schönau-Berzdorf, Gemeinde bei Görlitz, stillgelegter Braunkohletagebau Berzdorf: Flutung ab Mitte 2001, 1000 Hektar See

Berzdorf - 80, 88

Ostašov, CZ; zu Liberec, Dorf am Fuße des Jeschkenkammes

Bieleboh - 104, 120, 121, 122, 128, 144,

500 m, Granitberg im Oberlausitzer Bergland mit hervorragender Aussicht; Berggaststätte, Aussichtsturm, Station des Oberlausitzer Bergweges

Biesnitz - 47, 48

Stadtteil von Görlitz am Fuß der Landeskrone, Straßenbahn

Bischofswerda - 39, 64, 66, 120, 124, 125

westliches Tor zur Oberlausitz, Stadt mit 10.000 Einwohnern, Bahnstrecken nach Dresden, Zittau; Altmarkt mit Bürgerhäusern Anfang 19. Jh., Rathaus (1818) und Christuskirche (1816) von G. F. Thormeyer

Böhmische Aussicht - 50

Aussichtspunkt im Zittauer Gebirge, Töpfergebiet, markierte Wanderwege

Böhmisches Mittelgebirge - 91, 140, 149, 152, 157, 159ff 170, 172, 176, 179, 180, 183, 184

Landschaft vulkanischen Ursprungs in Nordböhmen, beiderseits der Elbe. Höchster Gipfel: Mileschauer (Milešovkou, 837 m). Wichtigste Städte: Litoměřice (Leitmeritz), Teplice (Teplitz) und Děčín (Tetschen/Bodenbach). Landschaftsschutzgebiet.

Brunnenberg - 90

Brunnberg, Studnični hora, 1554m, cz; zweithöchster Gipfel des Riesengebirges

Buchberg - 8

651,6m; bewaldete Kuppe bei Waltersdorf im Zittauer Gebirge, mark. Wanderwege

Buchberg (Großer/Kleiner) - 110

Velky Buková, Malá Buková, 474,1 bzw. 431,4m, cz; östl. von Doksy (Hirschberg)

Burgberg - 29, 41, 42

Hügel im Zittauer Westpark, Nähe Olbersdorfer See; ehem. Wasserburg als Ort der Zittauer Stadtgründung, Gedenkstein

Bürgstein - 105, 110, 111, 112, 113, 115, 132f, 135

Sloup, cz, Gemeinde bei Novy Bor (Haida), zwischen Lausitzer Gebirge und Böhmischem Mittelgebirge. Ruine der Felsenburg (13. Jh.) mit Eremitenbehausungen aus dem 17. Jh. und Burgkapelle. Barockschloß, barocke Kirche.

Buschdörfel - siehe Innozentiendorf

Christophsgrund - 84, 85, 86, 91

Kryštofovo udolí, cz; Dorf im Haupttal des Jeschkenkammes, Bahnstrecke Liberec (Reichenberg)–Jablonne v.P. (Gabel); hölzerne Barockkirche (1683/86), Umgebindehäuser, mark. Wanderwege ins Jeschkengebirge

Clamsche Schweiz - 91

zum Jeschkenkamm gehörendes Gebirgstal des Eckersbaches (Rokytka) bei Christofsgrund (Kryštofovo udolí), markierte Wanderwege

Cunewalde - 121, 122

Dorf mit 5.900 Einwohnern im Cunewalder Tal zwischen Czorneboh und Bieleboh, Lausitzer Bergland; größte Dorfkirche Sachsens (1780/93), Umgebindehäuser (18./19. Jh.), Wilhelm-v.-Polenz-Literaturmuseum

Cunnerwitz - 48

Kunnerwitz, Stadtteil von Görlitz am Fuß der Landeskrone

Czorneboh - 55, 64, 70, 73, 91, 104, 121, 122, 128, 139, 144

556m, höchste Erhebung des Oberlausitzer Berglandes, erstklassiger Aussichtspunkt, Aussichtsturm, Berggaststätte, mark. Wanderwege von Cunewalde

Daubitz - 139, 144, 147

Alt/Neudaubitz, Staré/Nové-Doubice, cz; Dörfer bei Chřibska (Kreibitz), Lausitzer Gebirge

Friedland - 48, 66, 87, 92ff, 99, 103, 115, 132, 133, 135

Frydlant, CZ; Stadt im Isergebirgsvorland mit 10.000 Einwohnern; Bahn nach Liberec, Nové Město pod Smrkem und Černousy. 6km bis Grenzübergang nach Bogatynia (PL).

Burg und Schloß: (13.–19. Jh.) Burgmuseum mit Originalmobiliar, kunsthandwerkl. Sammlung, Porträtgalerie, Waffenkammer, Kanzlei und Gerichtssaal.

Stadt: Barocke Dekanteikirche mit Renaissancealtar und Marmor-Mausoleum. Neorenaissance-Rathaus.

Friedländer Gebirge - 47

300–500m, Hügelland um Frydlant (Friedland) am nordwestlichen Rand des Isergebirges

Friedrichsberg – 139

Bouřny, 702,5m, CZ; westlich von Světla (Lichtenwalde), bewaldete Klingsteinkuppe, trigonometrischer Punkt

Friedrichswalder Kamm - 90

Maxovsky hřeben, CZ; Südkamm des Isergebirges bei Horní/Dolní Maxov (Maxdorf)

Friedstein - 134, 135

Frydštejn, CZ; unweit des gleichnamigen Dorfes am Nordrand des Böhmischen Paradieses (Česky ráj) Burgruine (14. Jh.)

Fuchskanzel - 7, 76, 81

Aussichtspunkt (532,4m) an der höchsten Stelle des Straßberges bei Lückendorf im Zittauer Gebirge, trigonometrischer Punkt; mark. Wanderwege

Gabel - 9, 49, 52, 54, 64, 81ff, 105, 112, 118, 120

Jablonné v Podještědí, CZ; Kleinstadt im Vorland des Jeschken- und Zittauer Gebirges. Bahn nach Liberec und Česka Lípa. Eine der ältesten Städte Böhmens. Marktplatz mit barocker Pestsäule (1686). St.-Laurentius-Kirche (1609/um 1700) von Johann Lukas Hildebrandt, einer der wertvollsten Barockbauten Böhmens.

Stadtteil Lvova: Schloß Lemberk (Lemberg, 13./17. Jh.), Museum für Wohnkultur. Umgebindehäuser.

Gablonz - 7, 129

Jablonec n.N., CZ; Stadt am Oberlauf der Neiße, 48.000 Einwohner, Bahnstrecken nach Liberec, Turnov; Architekturdenkmale der Jahrhundertwende/Moderne: Neues Rathaus (1933), Altes Rathaus (1869), Turnhalle (1897), Stadtpark, Stadtbad (1909), Stadttheater (1907), Herz-Jesu-Kirche (1930/31), Evang. Kirche (1892), Altkatholische Kirche (1902), Jugendstil-Hochhäuser Podhorská (Gebirgsstraße), Talsperre (1909)

Rathaus (14.–19. Jh.; Freitreppe 1538), gotische Hallenhäuser mit Laubengängen, Ratsapotheke (1552); Biblisches Haus (1570), Stadtkirche St. Peter und Paul (13.–19. Jh.) mit Sonnenorgel (1703/1993), Waidhaus (14. Jh.), Bürgerhäuser des 14.–18. Jh., Türme und Bastionen der Stadtbefestigung, barocker Obermarkt, Heiliges Grab (16. Jh.); im Gründerzeitviertel Kaufhaus (1912/13), Straßburg-Passage (1908), öffentliche Bauten und Brunnen des 19. Jh.; Stadtpark mit Stadthalle (1908). Synagoge (1911): Europäisches Bildungs- und Informationszentrum. Städtische Samml. für Geschichte und Kultur, Naturkundemuseum, Oberlausitzische Bibliothek der Wissenschaften. *Zgorzelec*, PL (ehem. Ost-Stadtteil Moys, Grenzüberg.) Oberlausitzer Gedenkhalle (1898/1902); Jacob-Böhme-Haus (17. Jh.)

Grafenstein – siehe Ketten

Gratzerhöhle – 51

Felswände im Töpfergebiet, Zittauer Gebirge; mark. Wanderweg von Kurort Oybin

Graupen – siehe Mückenthürmchen

Gröditzberg – 102, 104

Grodziec, 389m; PL, zwischen Lwówek Sl. (Löwenberg) und Zlotoryja (Goldberg) in Schlesien

Groß-Postwitz – 122

Dorf südlich von Bautzen, mark. Wanderwege zum Mönchswalder Berg und zum Czorneboh

Groß-Schönau – 64, 72

Großschönau; Kleinstadt an der Mandau im Vorland des Zittauer Gebirges, Bahn nach Zittau, Löbau. Umgebindehäuser, Textil-Manufakturbauten, barocke Dorfkirche (1705) mit Auferstehungsgemälde von Eleazar Zeißig-Schenau (1786). Deutsches Damast- und Frottiermuseum m. weltweit einzigem funktionsfähigen Damastzugwebstuhl und weiteren Zeugnissen der Textilgeschichte. Trixi-Ferienpark, mark. Wanderwege.

Groß-Schönauer Hutberg – 72, 104

371,5m; Großschönauer »Hausberg« und Naherholungsgebiet mit Konzertplatz und Gaststätte, Aussichtspunkt zum Zittauer Gebirge, mark. Wanderwege

Groß-Skal – 131ff

Hrubá Skala, CZ; Schloß im gleichnamigen Erholungsort des Böhmischen Paradieses (Česky ráj), unweit der Felsenstadt Hruboskalsko (400 Felstürme bis 60 m Höhe)

Hainewalde - 39ff

Dorf an der Mandau im Vorland des Zittauer Gebirges. Pfarrkirche (1705/11) mit Kanitz-Kyawscher Gruftkapelle (1715) von Franz Biener, bedeutendstes Werk barocker Grabmalkunst der Oberlausitz; barockes Neues Schloß (baufällig), Altes Schloß (1564), steinerne »Himmelsbrücke« (1832).

Hainspach - 128, 143

Lipová, CZ, Dorf westlich von Šluknov (Schluckenau)

Hammer - 119

Hamr, CZ; am Hamersky ryb. (Hammerteich) gelegenes Dorf bei Stráž p. R. (Wartenberg)

Hämmeringberge - 80, 95

Hämmrichsattel, bei Oldřichov v Hájích (Buschullersdorf), CZ; 475m, Forsthaus

Hammersee - siehe Dewin

Hammerstein - 87f, 94

Hamrstejn, 375m, CZ; Reste einer Burgruine (seit 16. Jh.) bei Liberec, Ortsteil Machnín (Reichenberg/Machendorf)

Hasel - 141

Líska, CZ; Dorf am Kaltenberg (Studenec) im Lausitzer Gebirge

Hasenburg - 73

418m, Hazmburk, CZ; Basaltkegel mit Burgruine (seit 16. Jh.) bei Roudnice n. L. (Raudnitz) im Böhm. Mittelgebirge

Hausgrund - 29, 35, 36f, 57

Tal auf der dem Pferdeberg zugewandten Seite des Oybin; mark. Wanderweg

Hauska - 110, 118

Houska, CZ; Renaissanceburg (1590) i. Bergland der Region Kokořinsko südl. v. Doksy (Hirschberg), Umbauten 1823/1930, mark. Wanderweg »Machova cesta« nach Bezděz/Doksy (E10) als Teil der Nord-Süd-Trasse durch Tschechien

Hauswiesengrund - 146

Tal unterhalb des Falkensteines (Falkenštejn) bei Jetřichovice (Dittersbach), nördl. weiter als Stammbrückental (Hat'ovy dul)

Heinrichsberg - 102

bewaldeter Berg in Herrnhut, im 18. Jh. als Landschaftspark gestaltet, Sichtachsen zum Gebirge z.T. zugewachsen, unmarkierter Weg v. Vogtshof (Verwaltungssitz der Brüder-Unität)

Heidemühl - 109

Břehyne, CZ; Ort am Heideteich (Břehyňsky ryb.) östlich von Doksy (Hirschberg)

Heideteich - siehe Heidemühl

Herrnhut - 66, 99ff

Stadt am Lausitzer Bergland, B 178, Gründungsort und Zentrum der Herrnhuter Brüdergemeine, z.T. Stadtanlage im »Herrnhuter Barock« (1730–1760): Gemeinhaus, Wohnbauten, Gottesacker am Hutberg; Heimatmuseum, Völkerkundemuseum, Kunstbahnhof (im ehem. Bahnhof Galerie für Gegenwartskunst, vor allem von Künstlern aus der Euroregion Neisse, betrieben vom Verein Kulturforum Dreiländereck)

Herrnhuter Hutberg – 66, 103, 122

373 m, Basaltkuppe bei Herrnhut, Hutbergaltan (19. Jh.): erstklassiger Aussichtspunkt

Herrnskretschen - 153

Hřensko, CZ; Grenzdorf am rechten Elbufer, Elbsandsteingebirge (Böhmische Schweiz), niedrigstgelegener Ort der Tschechischen Republik (115 m), Grenzüberg. nach Schmilka und (touristisch, Fähre) Schöna (jeweils S-Bahn-Anschluß); Barockkirche (1786), mark. Wanderwege u. a. z. Prebischtor

Herwigsdorf - siehe Mittelherwigsdorf

Heufuder – 99

Stóg Izerski, 1107m, PL; Gipfel auf dem Kamm des Isergebirges, erstklassige Aussicht, Baude, Wander-Übergang zur Tafelfichte

Heuscheuer - 90

Szczeliniec Wielky (919 m), PL; höchste Erhebung des Heuscheuergebirges (Góry Stolowe), rund 20 km südöstlich des Riesengebirges

Himpelberg - 139

Chřibsky vrch, 621m, CZ; Phonolithgipfel bei Chřibska (Kreibitz) im Laus. Geb., mark. Wanderweg, Aussichtspunkte

Hirschberg - 105f

Doksy, CZ; Kleinstadt im Böhmischen Mittelgebirge, Bahnstrecke Jedlová–Bakov n.J., Schloß (16.–19. Jh.), Barockkirche (17./18. Jh.), Armenspital (1669) mit Gedenkstätte für den Romantik-Nationaldichter Karel Hynek Macha (1810–1836), mark. Wanderwege, u. a. z. Macha-See (Großteich) und Burg Bezděz (Bösig)

Hirschberg - 162

Jelenia Góra, PL; Stadt im Riesengebirgsvorland mit 100.000 Einw., Bahnstrecken nach Wroclaw u. i. Riesengebirge. Marktplatz mit Handels- und Bürgerhäusern über Laubengängen (17./18. Jh.), klassizistisches Rathaus, St.-Annen-Kapelle (15. Jh.),

5 spätgotischen Flügelaltären (um 1520); Begräbniskirche St. Just (16./17. Jh.) mit gotischen Fresken des Vorgängerbaus (um 1380) und gotischem Marienaltar (um 1500); Katechismuskirche (15. Jh./1724) an Marien-Kirchhofmauer mit bemalten Emporen; Museum der Westlausitz (naturkundl. u. regionalgeschichtl. Sammlg.), Lessing-Museum

Kamnitz - 73, 103, 141f, 145

Česka Kamenice, CZ; Kleinstadt a. d. Kamnitz i. Dreieck Lausitzer- Böhmisches Mittel- und Elbsandsteingebirge. Bahnstation, Renaissance-Bürgerhäuser und -Brauhaus (16. Jh.),

Kamnitzer Schloßberg, auch Kamnitzberg – 112, 118f, 140ff, 144, 147

530m, Zamecky vrch, CZ; Berg m. ehem. Renaissanceschloß (1541/43) über der Stadt Česka Kamenice (Kamnitz), Ruine seit 17. Jh., im 19. Jh. romantisiert

Karlsfriede - 75ff, 81

Karlsfried, Rest der Burgruine (seit 15./17. Jh.) an der Gabler Straße bei Lückendorf, Zittauer Gebirge, mark. Wanderweg

Karlswald - 88

Karlov pod Ještědem, CZ; Dorf (Ortsteil v. Liberec) am Jeschkenkamm (Ještědsky hřbet), Bahnstation

Katzbachgebirge – 47

Góry Kaczawskie, PL; vielgestaltiges, kleines Gebirge nördlich von Jelenia Góra (Hirschberg). Höchste Erhebung: Kammerberg (Skopiec, 724m). Größtes Kalkvorkommen in den Sudeten. Mark. Wanderwege

Katzenkerbe - 57

künstl. Felsdurchbruch an der Leipaer Straße im Zittauer Gebirge, mark. Wanderweg

Käuligen-Berg – 98

Paličnik, 944m, Aussichtsfelsen bei Bily Potok (Weißbach) am Nordhang des Isergebirges, Naturschutzgebiet, mark. Wanderweg zum Quellgebiet der Iser und zur Tafelfichte (Smrk).

Keilberg – siehe Erzgebirge

Kelchsteine - 52

markante, rötlich gefärbte Sandsteinformation bei Kurort Oybin, Zittauer Gebirge

Ketten - 34, 69, 71, 79, 83ff, 87, 117

Chotyne, CZ; Dorf an der Neiße bei Hradek (Grottau). Bahnstrecke Zittau–Liberec. Renaissance-Burg Grabstejn (Grafenstein) mit Barbara-Kapelle, Renaissance-Fresken

Khaa - 144

Kyjov, cz; trad. Erholungsort am Oberlauf der Kirnitzsch, an der Grenze zwischen Lausitzer- und Elbsandsteingebirge. Volksarchitektur, Talsperre (Badesee). Mark. Wanderweg, z. T. über Stiegen, in das Felsengebiet des Khaatales (Kujovske údolí) mit ehem. Burg Oberkarlstein (Kyjovsky hrádek). Aussichtspunkte. Weitere Wanderziele ab Touristenbrücke (Turisticky most) im Khaatal, u.a. Hinterhermsdorf (tour. Grenzübergang)

Kirchberg - 80

500m, Pankratzer Schulberg, Kostelní vrch, cz; Berg bei Jitrava (Pankratz) am Jeschkenkamm

Kirnitzschthal - 144

Kirnitzsch: Nebenfluß der Elbe, Länge rund 40 km. Quellgebiet bei Studánka (Schönborn) westl. von Krásná Lípa (Schönlinde). Drei Brunnen, der größte mit Laube und Übersichtstafel gestaltet. Mark. Wanderweg. Flußlauf durch Khaatal (Kyjovské údolí), über 7 km entlang deutsch-tschechischer Grenze, Obere Schleuse mit Kahnpartie bei Hinterhermsdorf, Lehrpfad Flößersteig zwischen Neumannmühle und Mündung in die Elbe bei Bad Schandau. Kirnitzschtalbahn zwischen Lichtenhainer Wasserfall und Bad Schandau.

Kittlitz - 104

Dorf bei Löbau; barocke Saalkirche (1749/66), einer der bedeutendsten sächsischen Barockkirchen

Klein-Biesnitz – siehe Biesnitz

Klein-Skal - 134f

Malá Skala, cz; Gemeinde im Tal der Iser (Jizera) am Nordrand des Böhmischen Paradieses (Česky ráj), unweit des Felsenkammes Suché skály (»Trockene Felsen«, Nationales Naturdenkmal)

Kleis - 50, 55f, 62ff, 70, 74, 81, 84, 91, 110f, 118, 129, 135, 139ff, 144

759m, Klič, cz; Basaltkegel bei Novy Bor (Haida) am Südwestrand des Lausitzer Gebirges (Lužicke hory),

Kohlige - 68f, 71

Uhelná, 343,6 m, cz; Dorf unterhalb des Gickelsberges (Vyhledy), Aussichtspunkt

Koitsche - 39ff

376m, Phonolithkuppe bei Zittau, Aussichtspunkt, Berghotel, mark. Wanderweg zum Naherholungsgebiet Olbersdorfer See

Prebischthor – 145, 147

Prebischtor, Pravčická brána, CZ; Felsgebilde in der Böhmischen Schweiz, mit 26m lichter Weite die längste natürliche Sandsteinbrücke Europas. Aussichtspunkt Kreuzstein, Gasthaus, mark. Wanderwege u. a. v. Grenzübergang/Fähre Hřensko (Herrnskretschen)

Preschkauer Berg – 140

auch Mittenberg, Střední vrch, CZ; 593m, Aussicht, Wanderweg

Quarre – 98

Plochy, 939,2m, CZ, Isergebirgsgipfel südl. der Tafelfichte

Rabendorf – 116

Vranov, cz, Dorf nordöstlich von Mimoň (Niemes)

Rabenschloß – 80

Rabenstein, Vraní skály, cz; Felsgruppe mit Felsenkluft bei Hradek n. N. (Grottau) im Lausitzer Gebirge, Klettergebiet, Aussichtspunkt, mark. Wanderweg

Rabensteine – 59, 62

Krkavcí kameny, CZ; Felsgruppe im Zittauer Gebirge, unmittelbar a. d. böhm. Grenze, eingeschränkte Aussicht, auf sächs. Seite Kletterfelsen Falkenstein (511m), mark. Wanderwege

Raspenau – 97

Raspenava, CZ, Kleinstadt an der Wittig (Smĕda) am Fuß des Isergebirges, neobarocke Marienkirche (1906/07), gemauertes Taubenhaus an der Straße nach Hejnice (Haindorf), Volksarchitektur im Ortsteil Peklo (Hölle).

Raudnitzer Georgenberg – siehe Rzip

Reibersdorf – 67f, 71

Rybarzowice, PL; Dorf zwischen Zittau und Bogatynia (Reichenau), durch Tagebau Turów devastiert

Reichenau – 7, 71, 80, 92

Bogatynia, PL; Kleinstadt im Vorland des Isergebirges, unmittelbar am Braunkohletagebau; ländlich geprägtes Ortszentrum, besonders wertvolle Umgebindehäuser

Reichenau – 129, 134

Rychnov u Jablonce n. N., CZ; Kleinstadt südl. v. Jablonec n. N. (Gablonz), Barockkirche (1706/11), Viadukt der Bahnlinie Liberec-Pardubice (1859)

Reichenbach – 104

Stadt mit 3000 Einwohnern im Vorland der Königshainer Berge, Wehrkirche mit barocker Ausstattung, Marktplatz mit Bürgerhäusern d. 18. Jh.

Gebirges, in CSSR-Ära militärisches Sperrgebiet, heute Naturschutzgebiet, mark. Wanderweg, Aussichtspunkt

Ronberg - 109, 118, 140

Ronov, 553m, CZ; Burgruine (15. Jh.) bei Česka Lípa am Böhmischen Mittelgebirge (České Středohoŕy), mark. Wanderwege

Rosenberg - 64, 91, 104, 109, 112, 119, 129, 140, 142, 144, 146f

Růžovsky vrch, 619 m, CZ; Basaltkegel im Elbsandsteingebirge (Böhmische Schweiz), Naturschutzgebiet, keine Aussicht

Rosenthal - 43ff

Ortsteil von Hirschfelde am Beginn des Neißedurchbruchtales, Umgebindehäuser

Rothstein - 65, 102, 104, 144

Rotstein (455 m), dreigipfliges Basaltgebirge im Lausitzer Bergland (bei Görlitz), erstes Naturschutzgebiet Sachsens, Rudimente frühgeschichtlicher Wallanlage, markierte Wanderwege

Rudolfstein - 146f

Rudolfuv kamen, CZ; Felsmassiv im Naturschutzgebiet Dittersbacher Wände (Jetřichovicke skaly), Böhmische Schweiz; mark. Wanderweg E 3 (europ. Fernwanderweg)

Rumburg - 55, 63, 104, 110, 127, 139, 144

Rumburk, CZ; Kleinstadt am Schluckenauer Bergland mit 10.000 Einwohnern, Bahn nach Ebersbach/S., Šluknov, Krasná Lípa, Nymburg. Barocke Loretto-Kapelle von Johann Lukas Hildebrand und Franz Biener (1709), frühbarocke Pestsäule.

Rusdorf - 46

Posada, PL; Dorf an der polnisch-deutschen Grenze bei Ostritz

Rzip - 54, 73, 91, 110f, 118

Georgsberg, Georgenberg, Raudnitzer Georgenberg, Řip, 459 m, CZ; Basaltberg im Böhmischen Mittelgebirge, südl. v. Roudnice nad Labem (Raudnitz an der Elbe). mythischer Berg der Tschechen, von dem aus Urvater Čech 644 seinem Volk befohlen haben soll, sich in dieser Landschaft niederzulassen

Sächsische Schweiz - 47, 126, 129

Elbsandsteingebirge zwischen Pirna und der deutsch-tschechischen Grenze; landschaftsräumlich zwischen Erzgebirge, Lausitz und Elbtalschiefergebirge, als Böhmische Schweiz bis zum Böhmischen Mittelgebirge. Der Name im 19. Jh. durch Maler und Reisebuchautoren der Romantik geprägt. Vordere Sächsische Schweiz mit Rathener Gebiet (Bastei), Hintere Sächsische Schweiz mit Schrammsteinen und Winterberggebiet, linkselbisches Bergland. Bahn-, Bus- und Schiffverbindungen.

Sandberge - 81

unbewaldete Kuppe zwischen Jitrava (Pankratz) und Janovice v. P. (Johnsdorf)

Schanzendorf - 56, 136

Valy, CZ; Dorf an der Grenze zwischen Jonsdorf u. Hain, Zittauer Gebirge; tour. Grenzübergänge. Umgebindehäuser, Aussicht z. Böhmischen Mittelgebirge.

Scharfenstein - 49, 51, 81

569 m, einzeln stehende Sandstein-Nadel mit Phonolithgängen; bei Kurort Oybin, »Matterhorn des Zittauer Gebirges«, Aussichtspunkt, mark. Wanderwege

Scheibe - 39

Bahnstation Mittelherwigsdorf unterhalb des Scheibeberges (Steinbruch), mark. Wanderweg durch Mandautal/Schülertal

Schindelhengstberg - 139

Hřebec, 650m, CZ; Berg bei Horní Chribska (Ober-Kreibitz) im Lausitzer Gebirge

Schirgiswalde - 41

Stadt im Oberlausitzer Bergland, am Oberlauf der Spree, 3.000 Einwohner, zwischen 1815 und 1845 selbständige Republik, barock/neogotische Stadtkirche (1740/1868), klassizistisches Rathaus (1820), Umgebinde- und Laubenhäuser, Heimatmuseum

Schleinitzer Ländchen - 72

hist. Bezeichnung für das Gebiet um Schluckenau (Šluknov)

Schluckenau - 72, 120, 127

Šluknov, CZ; nördlichste Stadt der Tschechischen Republik mit 5.000 Einwohnern, Bahnstrecke Rumburk–Mikulašovice, barocke Kirche (1714) und Dreifaltigkeitssäule (1725) am Markt, klassizistischer Brunnen (1798), Umgebindehäuser. In Rozany (Rosenhain) tour. Grenzübergang nach Sohland/Spree

Schneekoppe - 47, 73, 80, 90, 109f, 112, 118

Sněžka, 1602 m; CZ, Sniezka, PL; höchste Erhebung des Riesengebirges (und nördlich der Donau), erstklassiger Aussichtspunkt, mark. Wanderwege ins polnische und tschechische Riesengebirge

Schöber - 139

Stožec, 662m; Maly Stožec, 659m (Kleiner Schöber, Gesichtsberg), CZ; zwei Phonolithgipfel im Lausitzer Gebirge. Am Stožec vorbei der Schöbersattel (Stožecke sedlo, 605m), wichtigster Paß des Lausitzer Gebirges. Am Südhang des Maly Stožec

Madonna« (15. Jh.) und geschnitzter Altar (1586), spätgotische Ausmalung des Chores; Kunstblumen- und Heimatmuseum »Prof. Alfred Meiche«, Umgebindehäuser, mark. Wanderwege; Grenzübergang n. Dolní Poustevna (Nieder Einsiedel), tour. Grenzübergang n. Mikulašovice (Nixdorf)

Sechsstädte - 9, 87f, 106f, 120, 135

Oberlausitzer Sechsstädtebund zwischen Löbau, Görlitz, Bautzen, Zittau, Kamenz und Lauban (heute Lubán, PL), gegründet 1346 in Löbau

Seibthübel - 90

820m, Slovanka, CZ; Gipfel mit Aussichtsturm (1887, ältester eiserner Aussichtsturm Böhmens) bei Janov n. N. (Johannisberg) im Isergebirge, mark. Wanderweg

Seidenberg - 67, 70, 94

Zawidów, PL; Stadt an der polnisch-tschechischen Grenze, Grenzübergang, an der Fernstraße Liberec-Zgorzelec

Seifhennersdorf - 63, 127, 129

Stadt an der Mandau im Lausitzer Bergland mit 7.000 Einwohnern, Bahnstation, Kreuzkirche (1935) mit Weltkriegs-Mahnmal v. Bruno Paul, Umgebindehäuser, Karasek-Museum (Räuber u. Schmugglerwesen d. Oberlausitz), Grenzübergang nach Varnsdorf (Warnsdorf)

Semil - 118

Semily, CZ; Stadt mit 10.000 Einwohnern an der Iser zwischen Riesengebirgsvorland und Böhmischem Paradies, neoromanische Kirche (1908), barocke Pestsäule, Regionalmuseum, Galerie

Sichhübel - 90, 118

auch Siechhübel, Siebengiebel, Sieghübel; Jizera, 1122m, CZ, zweithöchster Gipfel des Isergebirges, unmittelbar an der Bergbaude Wittigschänke (Smědava). Naturreservat, erstklassiger Aussichtsfels.

Sichrow - 129ff

Sychrow, CZ; neogotisches Schloß nördl. v. Turnov (Turnau), Möbel- und kunsthandwerkliche Sammlung, bedeutendste Sammlung franz. Porträtgemälde außerhalb Frankreichs; um das Schloß Parkanlage

Sifriedsdorf - 45

auch Syfriedistorph, Siversdorf, Seiffersdorf; ehem. Dorf im Marienthaler Klosterwald, im 15. Jh. d. Hussiten zerstört (andere Quellen: schon im 13. Jh. wüst liegend), Dorfbrunnen erhalten, mark. Wanderweg: Neißetal/Kloster St. Marienthal

Tannenberg – 55, 64, 71ff, 112, 119, 122, 128f, 135, 139, 144, 147

774m; Jedlová, cz; Klingstein/Sandsteinkuppe im Lausitzer Gebirge (Kreibitzer Bergland), erstkl. Aussichtspunkt (Turm)

Tanzplan – 122, 127, 129, 144, 146

Tanečnice, 597m, cz; Granitberg zw. Elbsandstein- und Lausitzer Gebirge, Aussichtsturm, erstklassiger Aussichtspunkt, mark. Wanderwege von Mikulášovice (Nixdorf) und Sebnitz (tour. Grenzübergang)

Taubenhaus – 80, 90, 118

Holubník, cz; 1070m, Gipfel aus Granitfelsen im Zentrum des Isergebirges (südl. v. Hejnice/Haindorf), von Quarzader durchzogen, mark. Wanderweg, gute Aussicht

Taubenheim – 121

Ort in Oberlausitzer Bergland, an der tschechischen Grenze, berühmt für die zahlreichen Sonnenuhren im Ort

Tauchritz – 49

Ortsteil von Görlitz am Tagebau Berzdorf; Wasserschloß (1686/87 auf älterer Anlage) mit barocker Stuckdecke und Supraporte; turmlose Barockkirche (1686), spätbarocker Kanzelaltar

Teplitz – 55, 69, 109, 142

Teplice, cz; Stadt im Tal der Biela (Bílina) zwischen Erzgebirge und Böhmischem Mittelgebirge. Ältestes Heilbad Böhmens. Altstadt zwischen zahlreichen Plattenbauten, Rathaus (1545), Schloß (16.–19. Jh.), Pestsäule von Mathias Bernhard Braun, Kur- und Schloßgarten

Teufelsberg – siehe Bösig

Thammühl – 109

Staré Splavy, cz; Erholungsort am nordwestlichen Ufer des Macha-Sees bei Doksy (Hirschberg), Bahnstation, Badestrand, Schiffs-Anlegeplatz

Thomaswald – 122, 127, 129

Tomášovsky les, cz; Waldstück am Tanzplan (Tanečnice) zwischen Sebnitz und Mikulašovice (Nixdorf), mark. Wanderweg

Tollenstein – 41, 64ff, 71f, 74, 112, 128, 144

Tolštejn, 670m, cz; Burgruine (14./15. Jh., zerstört 1642) auf einem Klingsteingipfel im Lausitzer Gebirge *Rozhled* (525m), Erholungsort am Tollenstein, Wintersportgebiet

Tolzberg – 81, 110

Tlustec, 591m, cz; Basaltberg im Lausitzer Gebirge bei Jablonné v.P. (Gabel), gegenw. Basaltabbau

Wojetiner Berg - 110

Housecké vrchy, Berggruppe (um 450m) in der Region Kokořinsko südlich v. Doksy (Hirschberg); Vojetin: Dorf mit Volksarchitektur

Wolfsberg - 104, 122, 128, 139, 142ff

Vlčí hora, 588m, cz; bewaldete Kuppe im Lausitzer Gebirge (Kreibitzer Bergland) mit hohem Anteil Magneteisenstein, mark. Wanderwege v. Krásná Lípa und Šluknov

Wolfsberg, Vlci Hora: Dorf im Sattel zwischen Wolfsberg und Steinhübel (Kamenny vrch)

Wranower Thal und Burg - 135

Vranovsky hřeben, cz; Bergrücken bei Klein Skal (Malá Skála), Böhmisches Paradies. Burgruinen Wranow (Vranov) und Friedstein (Frydštejn), Aussicht ins Isertal

Wratner Berg - 110

507m, Vratenska hora, cz; Berg i. d. Region Kokořinsko, südlich v. Doksy (Hirschberg), mark. Wanderweg, Aussichtspunkt

Wuischke - 122f

Dorf am Czorneboh im Lausitzer Bergland

Wüsteschloßberg - 141

504m, Pusty zámek, Fredevald, cz; Burgruine (seit 1444) b. Česka Kamenice i. Lausitzer Gebirge, ehem. Wachburg f. Kamnitzer Schloß; Naturdenkmal horizontal gelagerter Klingsteinsäulen

Zeidler - 144

Brtníky, cz; Dorf am Westrand d. Lausitzer Gebirges, mark. Wanderwege in Böhm. Schweiz, Bahnstation

Zirkelstein - 140

385m, linkselbischer Tafelberg der Sächsischen Schweiz, mark. Wanderwege, Jugendherberge

Zittau - 7ff

Große Kreisstadt im Vorland des Zittauer Gebirges, am östlichen Dreiländereck, mit 28.000 Einwohnern. Bahn nach Dresden, Görlitz, Liberec, Varnsdorf. Grenzübg. nach PL/CZ. Denkmalgeschützte Altstadt, barocker Marktplatz, Neorenaissance-Rathaus (1845), klassizistische Johanniskirche (1847), Kirche zum Heiligen Kreuz (1410) mit Großem Zittauer Fastentuch (1472), Salzhaus (1511/1730), Klosterkirche (13./18.Jh.), barocke Bürgerhäuser und Brunnen. Stadtmuseum im ehem. Franziskanerkloster; Gerhart-Hauptmann-Theater (1936)

Zschirnsteine - 128, 140, 142, 144

Großer Zschirnstein, 560,3m; höchster Gipfel der Sächsischen Schweiz/Kleiner Zschirnstein, 472,7m. Sandsteintafelberge mit Basaltdurchbrüchen, linkselbisch bei Reinhartsdorf-Schöna. Aussichtspunkte, mark. Wanderwege

Zwickau - 55, 112

Cvikov, CZ; Kleinstadt am Südrand des Lausitzer Gebirges, gotisch/barocke Kirche (14./16./17. Jh.), Empire-Rathaus, klassizistische Bürgerhäuser, Kreuzweg (1729)

Service

Informationsstellen

- Tourist-Information **Zittau**, Markt 1/Rathaus, 02763 Zittau, Tel: (0 35 83) 75 21 37, Fax 7 521 61
- Tourist-Information **Oybin/Lückendorf**, Hauptstraße 15, 02797 Kurort Oybin, Tel: (03 58 44) 7 33 11, Fax: 7 33 23
- Tourist-Information **Jonsdorf**, Auf der Heide 11, 02796 Kurort Jonsdorf, Tel: (03 58 44) 7 06 16, Fax: 7 00 64
- Fremdenverkehrsamt **Olbersdorf**, Oberer Viebig 2a, 02785 Olbersdorf, Tel: (0 35 83) 69 85 26, Fax: 69 85 13
- Tourist-Information **Waltersdorf**, Dorfstraße 97, 02799 Waltersdorf, Tel: (03 58 41) 6 09 80, Fax: 60 98 18
- Tourist-Information **Seifhennersdorf**, Nordstr. 21a, 02782 Seifhennersdorf, Tel: (0 35 86) 40 67 57, Fax: 40 67 58
- Fremdenverkehrsamt **Großschönau**, Hauptstr. 54, 02779 Großschönau, Tel: (03 58 41) 3 10 36, Fax: 25 53
- Gemeindeverwaltung **Oderwitz**, Str. der Republik 54, 02791 Oderwitz, Tel: (035842) 22 30 Fax: 2 23 22
- Tourist-Information **Eibau**, Hauptstr. 214a, 02739 Eibau, Tel: (0 35 86) 70 20 51, Fax: 70 20 57
- Kultur- und Fremdenverkehrsamt **Herrnhut**, Comeniusstr. 6, 02747 Herrnhut, Tel: (03 58 73) 22 88, Fax: 24 15
- Stadtverwaltung **Ostritz**, Markt 2, 02899 Ostritz Tel: (03 58 23) 8 76 03, Fax: 8 65 84
- Tourist-Information **Löbau**, Am Altmarkt 1, 02708 Löbau, Tel: (0 35 85) 45 04 50, Fax: 45 04 52
- Tourist-Information **Obercunnersdorf**, Hauptstraße 65, 02708 Obercunnersdorf, Tel./Fax: (03 58 75) 6 09 54

- Nationalparkverwaltung **Sächsische Schweiz**, An der Elbe 4, 01814 Bad Schandau, Tel. (03 50 22) 9 00 60
- Tourismusverband **Sächsische Schweiz**, Am Bahnhof 6, 01814 Bad Schandau, Tel. (03 50 22) 4 95 10
- »igeltour« – die **StattReiser**. Pulsnitzer Str. 10, 01099 Dresden, Tel. (0351) 8 04 45 57

Kartenauswahl

- Seeger-Karte »Oberlausitzer Bergland, Zittauer Gebirge, Nordböhmen«, Freizeitkarte, 1:65.000, Dresden, 1999
- Seeger-Karte »Zittauer Gebirge«, Wander- und Radwanderkarte, 1:25.000, Dresden, 1999
- Topografische Karte Blatt 51 »Zittauer Gebirge«, Ausgabe mit Wanderwegen, 1:25.000, LVA Sachsen, 1998
- Kompaß Wander- und Radtourenkarte »Sächsische Schweiz« 1:50.000, (mit Lexikon Sächsische Schweiz)
- Topografische Karte Blatt 50 »Lausitzer Bergland – Neugersdorf«, Ausgabe mit Wanderwegen, 1:25.000, LVA Sachsen, 1998
- Edice klubu českých turistu Nr. 14 »Lužické hory«, 1:50.000, Klub českých turistu, 1997
- Edice klubu českých turistu Nr. 12–13 »Ceskosaské Švýcarsko, Děčínsko a šluknovsko«, 1:50.000, 1996
- Edice klubu českých turistu Nr. 15 »Máchuv kraj«, 1:50.000, 1996
- Naturschutzgebiet »Luzické hory«, 1:75.000, Geodézie CS
- Tur. mapa »Lužické hory« 1:50.000, Geodézie CS, 1999
- Tur. mapa »Krásnolipsko«, 1:25.000, Geodézie CS, 1998
- Tur. mapa »Ještědský hřbet«, 1:25.000, 1997
- Wanderk. Böhmisches Paradies, 1:50.000, Geodézie CS, 2000 (deutschsprachiges Register)

Wander- und Grenzübergänge

- Görlitz/Zgorzelec (Grenzübergang)
- Zittau, Chopinstr./Sieniawka (Grenzübergang)
- Zi., Friedensstr./Porajów (Grenzübergang)
- Zi., Bahnhof/Hrádek nad Nisou (Bahn, Grenzübergang)
- Seifhennersdorf/Varnsdorf (Grenzübergang)
- Porajów/Hrádek n.N. (Grenzübergang)
- Zawidów/Habartice (Grenzübergang)
- Swieradow Zdrój/Nove Město (Grenzübergang)
- Jakuszyce/Harrachov (Grenzübergang)
- Sebnitz/Dolni Poustevna (Grenzübergang)
- Schmilka/Hrensko (Fähre, Grenzübergang)

- Schmilka/Hrensko Straße (Grenzübergang)
- Bad Schandau/Decín (Eisenbahn, Grenzübergang)
- Ostritz/Krzewina Zgorz. (Wanderweg)
- Hartau/Hrádek nad Nisou (Wanderweg)
- Lückendorf/Petrovice (Wanderweg)
- Oybin-Hain/Valy (Wanderweg)
- Jonsdorf/Valy (Wanderweg)
- Jonsdorf/Dolni Světlá (Wanderweg)
- Waltersdorf, Alte Wache/Myslivny (Wanderweg)
- Waltersd., Herrenwalde/Dolní Poustevna (Wanderweg)
- Seifhennersdorf/Rumburk (Wanderweg)
- Ebersbach/Jiříkov (Wanderweg)
- Bogatynia/Frýdlant (Wanderweg)
- Lutogniewice/Andělka (Wanderweg, nur mit Paß!)
- Smrk (Tafelfichte, Gipfel) (Wanderweg)
- Sebnitz, Forellenschänke/Mikulásovice, Tanečnice (Wanderweg)
- Hinterhermsdorf/Mikulásovice Straße (Wanderweg)
- Hinterhermsdorf/Zadni Doubice Straße (Wanderweg)
- Schöna/Hřensko (Fähre, Wanderweg)
- Schöna/Dolní Žleb (Elberadweg, Wanderweg)

Internetadressen – Eine Auswahl

- www.zittauer-gebirge.de
- www.bahn.de (Angebote und Verkehrsverbindungen)
- www.vlak.cz (Tschech. Bahn, auch deutsch, für Planung von Fahrten in Tschechien/Polen – lukrative Preise!)
- www.oberlausitzer-kulturkalender.de (Termin-Service)
- www.nationalpark-saechsische-schweiz.de
- www.elbsandsteingebirge.de
- www.teufelsturm.de (Datenbank über die Sächsische Schweiz)
- www.gipfelbuch.de (Klettern und die Sächsische Schweiz)
- www.pbrana.cz (Böhmische Schweiz, auch deutsch)
- www.cztour.cz (Böhmische Schweiz, auch deutsch)
- www.npcs.cz (Nationalpark Böhmische Schweiz, tschechisch)
- www.esbworld.com/schweiz (Sächs. Schweiz, Wandertips)
- www.luzicke-hory.cz/lausgeb.html (Ortslexikon tschechisch/ deutsch des Lausitzer Gebirges mit angrenzenden Gebieten)
- www.elberadweg.de (mit Newsletter)
- www.meteomedia.ch (das Wetter aus dem Studio Oderwitz)

Johann Gottlieb Korschelt (1818–1901) war Lehrer, Schriftsteller und Geschichtsforscher. Nach Lehrtätigkeiten in Großhennersdorf und Berthelsdorf wirkte er als Oberlehrer an der Zittauer Stadtschule. Seit 1860 gehörte er der Oberlausitzischen Gesellschaft der Wissenschaften an. Als Forscher und Schriftsteller befaßte er sich vor allem mit lokaler Geschichte. Als Korschelts wohl populärstes Werk erlebte der 1893 erstmals erschienene »Führer durch Zittau und Umgebung« zahlreiche Nachauflagen.